너랑 나랑 한국어 3-A

JN434339

nosvos

너랑 나랑 한국어 3-A

초판 발행 2017년 9월 5일
2 쇄 발행 2021년 9월 9일

지 은 이 | 유소영 · 유선주 · 이연주 · 서민정 · 고유리
감 수 | 한정한
펴 낸 이 | 김수복
기 획 | 김남필
제 작 | 성두현
마 케 팅 | 김민배
펴 낸 곳 | NOSVOS
삽 화 | 최지우 · 신주영
디 자 인 | 방인구
등 록 | 1968. 2. 27 : No. 제03-00095호
주 소 | 경기도 용인시 수지구 죽전로 152번지
전 화 | 031-8005-2403
팩 스 | 031-8021-7154

값 16,000원

ISBN 978-89-7092-575-2 03710
978-89-7092-514-1 (세 트)

• 'NOSVOS'는 라틴어 'Nos(우리가)'와 'Vos(당신을)'의 합성어로
지혜로운 삶을 지향하는 분들에게 유익한 도서를 펴내겠다는 의지를 담고 있습니다.

듣기 자료는 단국대학교 출판부 홈페이지(http://cms.dankook.ac.kr/web/dkup)
"커뮤니티→MP3자료실"에서 다운로드 가능합니다.

저자의 말 *

최근 한국어 교육계에서는 어떻게 하면 교육 현장에서 교사와 학습자에게 모두 도움이 되는 교재를 개발할 수 있을까 하는 문제에 대해 많은 연구를 해 오고 있습니다. 이와 같은 흐름에 발맞추어 이번에 단국대학교 국제교육센터에서는 『너랑 나랑 한국어』를 발간하게 되었습니다. 이 책은 한국어 교육 현장의 한국어 교사들과 한국어를 공부하고자 하는 외국인 학습자를 대상으로 한 의사소통 중심 교재입니다.

『너랑 나랑 한국어』는 말하기, 듣기, 읽기, 쓰기의 기능을 한 권에 담은 통합형 교재입니다.

이 책은 한글의 자모 제시 순서를 기존의 교재와 달리 교사가 학습자에게 발음하는 방법을 보여주기 쉬운 순서로 배치하여 제시하였으며, 한국어의 기초적인 어휘와 문법을 익히고 다양한 연습을 통해 자기소개하기, 물건사기 등의 의사소통 과제를 해결하는 능력을 기를 수 있도록 구성하였습니다.

또한, 어휘는 학습자들이 각각의 어휘가 속한 품사와 의미 그룹을 이해할 수 있도록 제시하고, 2권에 이어 추상적인 의미가 많아지므로 어휘의 의미는 영어로 제시하였습니다. 문법은 형태 연습과 회화 연습을 함께 제시하여 한국어의 문법 항목들을 적절히 사용할 수 있도록 충분한 연습과 활용을 제공하였습니다. 또한 의사소통 과제를 해결하는 다양한 말하기, 듣기, 읽기, 쓰기 활동을 제공하여 학습자들이 생생한 한국어로 자신의 이야기를 표현할 수 있도록 구성하였습니다.

이 책은 1권, 2권에 이어 STUDY(활용)로 구성되어 있습니다. 각 과는 변명하기, 전달하기, 조언하기, 회상하기 등의 의사소통 과제별로 구성하여 말하기, 듣기, 읽기, 쓰기를 통합적으로 익힐 수 있도록 제시하였습니다.

이 작업은 5명의 필진이 지난 10여 년의 한국어 교육 현장 경험을 바탕으로 학습자가 차근차근 쉽게 이해하고 습득해 갈 수 있는 교재를 만들고자 하는 마음에서 출발하였습니다. 이 책의 편찬 기간은 2012년 5월부터 2017년 8월까지 총 64개월이 소요되었습니다. 집필을 기획하는데 6개월이 걸렸고 교재를 구성하는 틀을 짜는 데에 6개월, 초고 집필에 12개월이 걸렸습니다. 이를 다시 검토하고 수정하는 데에 38개월이 걸렸습니다. 기획과 감수는 국어국문학과의 한정한 교수가 맡아 주셨고, 각 권은 책임 필자를 두어 1권 유소영, 2권 고유리, 3권 유선주, 4권 이연주, 서민정이 책임 집필하였습니다.

끝으로 이 원고가 세상에 빛을 볼 수 있도록 이끌어 주신 단국대학교 장호성 총장님, 김병량 부총장님, 심재우 국제처장님을 비롯한 국제처의 모든 식구들께 감사드립니다. 또한, NOSVOS 편집실 성두현 차장님 등 편집진과 예쁜 삽화를 그려준 최지우, 신주영 그리고 지댄피 디자인팀 여러분께도 감사드립니다. 마지막으로 바쁜 시간을 쪼개어 꼼꼼히 읽어 준 국제교육센터 한국어 선생님들과 긴 시간 기꺼이 아내와 엄마와 딸을 허락해 주신 필진의 가족들 모두 사랑합니다.

2017년 여름에

유소영, 유선주, 이연주, 서민정, 고유리

교재 사용법

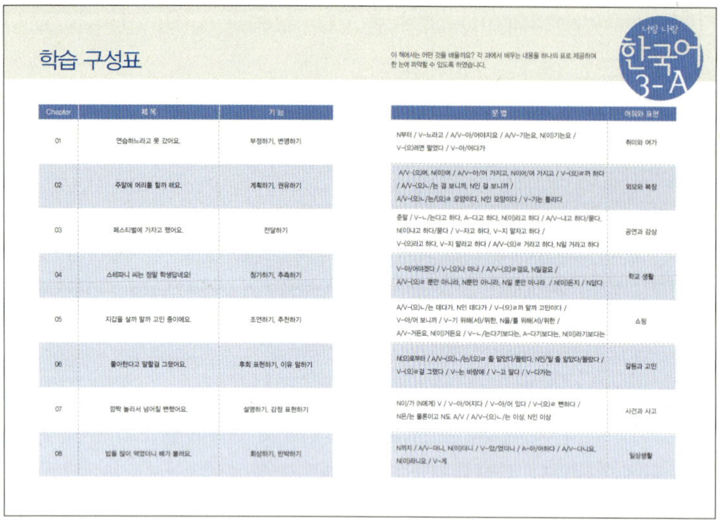

1. 학습 구성표

각 과의 기능과 문법, 어휘와 표현을 하나의 표로 제공하여 학습자들이 이 책에서 배우는 내용을 한 눈에 파악할 수 있도록 배려했습니다.

2. 들어가기

각 과의 학습목표와 어휘, 문법 항목들을 제시하였습니다. 그리고 각 과의 중요한 표현을 대화로 제시하여 어떤 상황에서 사용하는지 실제 사례를 보여 학습 동기를 높였습니다.

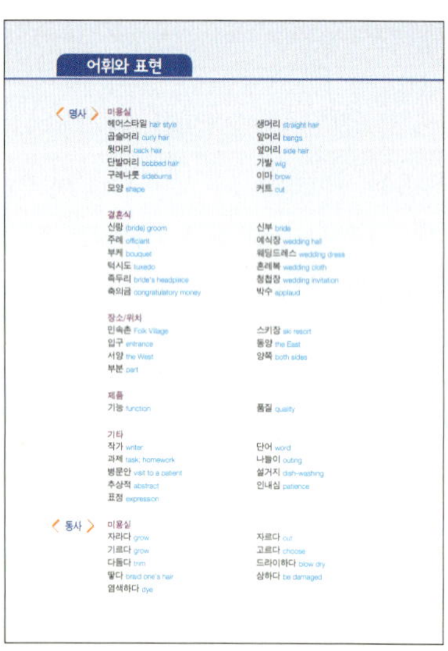

3. 어휘와 표현

각 과에 나오는 어휘를 명사, 동사, 형용사, 표현으로 분류하여 제시하였습니다. 「너랑나랑 한국어 1」에서는 그림과 함께 제시하였는데 추상적인 의미가 많아지는 2권부터는 단어의 의미를 영어로 제시하였습니다.

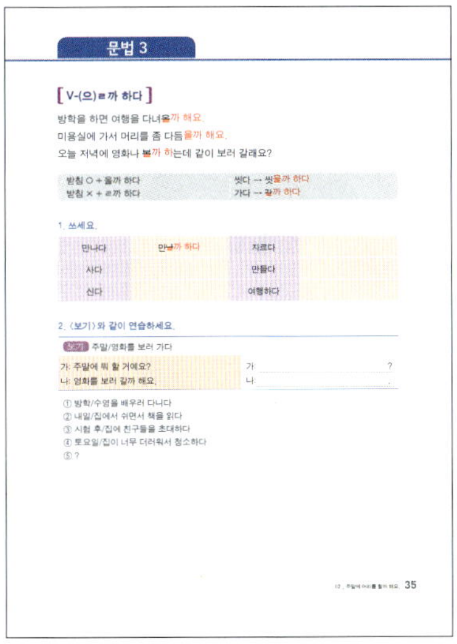

문법 3

[V-(으)ㄹ까 하다]

방학을 하면 여행을 다녀올까 해요.
미용실에 가서 머리를 좀 다듬을까 해요.
오늘 저녁에 영화나 볼까 하는데 같이 보러 갈래요?

받침 O + 을까 하다	씻다 → 씻을까 하다
받침 × + ㄹ까 하다	가다 → 갈까 하다

1. 쓰세요.

만나다	만날까 하다	자르다	
사다		만들다	
신다		여행하다	

2. 〈보기〉와 같이 연습하세요.

보기 주말/영화를 보러 가다

가: 주말에 뭐 할 거예요?
나: 영화를 보러 갈까 해요.

가: ?
나: .

① 방학/수영을 배우러 다니다
② 내일/집에서 쉬면서 책을 읽다
③ 시험 후/집에 친구들을 초대하다
④ 토요일/집이 너무 더러워서 청소하다
⑤ ?

35

4. 문법

각 과에서 배워야 할 문법을 예문을 통해 의미를 제시하고 형태 연습과 회화 연습을 함께 제시하였습니다. 이는 한국어의 문법 항목들이 가지는 의미와 형태의 변화를 연습하게 하고 적절히 사용할 수 있도록 충분한 연습과 활용을 제공하기 위한 것입니다.

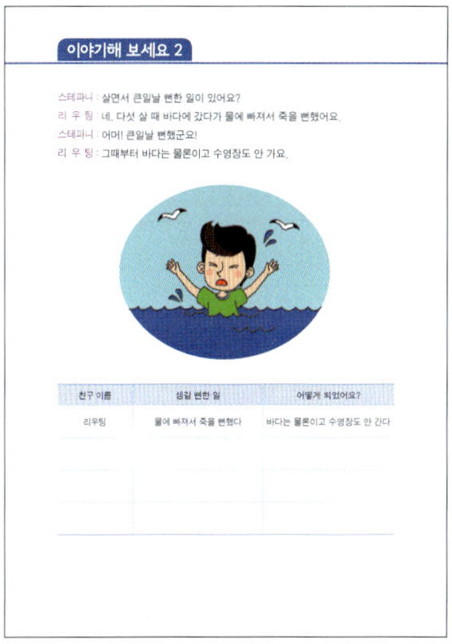

이야기해 보세요 2

스테파니 : 살면서 큰일날 뻔한 일이 있어요?
리 우 팅 : 네, 다섯 살 때 바다에 갔다가 물에 빠져서 죽을 뻔했어요.
스테파니 : 어머! 큰일날 뻔했군요!
리 우 팅 : 그때부터 바다는 물론이고 수영장도 안 가요.

친구 이름	생길 뻔한 일	어떻게 되었어요?
리우팅	물에 빠져서 죽을 뻔했다	바다는 물론이고 수영장도 안 간다

5. 말하기

각 과에서 학습한 어휘와 문법 항목들을 활용하여 의사소통 과제를 해결하는 다양한 활동을 제공하였습니다. 이를 통해 학습자들은 좀 더 생생한 한국어 말하기 능력을 키울 수 있을 것입니다.

듣기

1. 들은 내용과 같으면 ○, 다르면 × 하십시오.
① 이것은 영화배우를 위한 것이다. ( )
② 이것은 한 벌에 39,000원이다. ( )
③ 이것은 인터넷으로 살 수 있다. ( )

2. 제품의 색상은 무엇입니까?

3. 여자가 티셔츠를 입을 때 고민하는 이유는 무엇입니까?

4. 여러분은 텔레비전에서 홈쇼핑 방송을 본 적이 있습니까? 어떤 방송이었습니까?

6. 듣기 / 읽기 / 쓰기

듣기와 읽기는 각 과에서 배운 내용을 머릿속에 정리하고 확인하는 역할을 합니다. 쓰기는 말하기, 듣기, 읽기 등의 활동을 통해 습득된 내용을 바탕으로 학습자 자신의 이야기를 문장으로 표현하는 연습을 할 수 있습니다.

등장 인물

스테파니

리에

애니

최지영

크리스

마리오

리우팅

토린

목차

학습 구성표

Chapter	제 목	기 능
01	연습하느라고 못 갔어요.	부정하기, 변명하기
02	주말에 머리를 할까 해요.	계획하기, 권유하기
03	페스티벌에 가자고 했어요.	전달하기
04	스테파니 씨는 정말 학생답네요!	첨가하기, 추측하기
05	지갑을 살까 말까 고민 중이에요.	조언하기, 추천하기
06	좋아한다고 말할걸 그랬어요.	후회 표현하기, 이유 말하기
07	깜짝 놀라서 넘어질 뻔했어요.	설명하기, 감정 표현하기
08	밥을 많이 먹었더니 배가 불러요.	회상하기, 반박하기

너랑 나랑 한국어 3-A

이 책에서는 어떤 것을 배울까요? 각 과에서 배우는 내용을 하나의 표로 제공하여 한 눈에 파악할 수 있도록 하였습니다.

문 법	어휘와 표현
N부터 / V-느라고 / A/V-아/어야지요 / A/V-기는요, N(이)기는요 / V-(으)려면 멀었다 / V-아/어다가	취미와 여가
A/V-(으)며, N(이)며 / A/V-아/어 가지고, N이어/여 가지고 / V-(으)ㄹ까 하다 / A/V-(으)ㄴ/는 걸 보니까, N인 걸 보니까 / A/V-(으)ㄴ/는/(으)ㄹ 모양이다, N인 모양이다 / V-기는 틀리다	외모와 복장
준말 / V-ㄴ/는다고 하다, A-다고 하다, N(이)라고 하다 / A/V-냐고 하다/묻다, N(이)냐고 하다/묻다 / V-자고 하다, V-지 말자고 하다 / V-(으)라고 하다, V-지 말라고 하다 / A/V-(으)ㄹ 거라고 하다, N일 거라고 하다	공연과 감상
V-아/어야겠다 / V-(으)나 마나 / A/V-(으)ㄹ걸요, N일걸요 / A/V-(으)ㄹ 뿐만 아니라, N뿐만 아니라, N일 뿐만 아니라 / N(이)든지 / N답다	학교 생활
A/V-(으)ㄴ/는 데다가, N인 데다가 / V-(으)ㄹ까 말까 고민이다 / V-아/어 보니까 / V-기 위해(서)/위한, N을/를 위해(서)/위한 / A/V-거든요, N(이)거든요 / V-ㄴ/는다기보다는, A-다기보다는, N(이)라기보다는	쇼핑
N(으)로부터 / A/V-(으)ㄴ/는/(으)ㄹ 줄 알았다/몰랐다, N인/일 줄 알았다/몰랐다 / V-(으)ㄹ걸 그랬다 / V-는 바람에 / V-고 말다 / V-다가는	갈등과 고민
N이/가 (N에게) V / V-아/어지다 / V-아/어 있다 / V-(으)ㄹ 뻔하다 / N은/는 물론이고 N도 A/V / A/V-(으)ㄴ/는 이상, N인 이상	사건과 사고
N까지 / A/V-더니, N(이)더니 / V-았/었더니 / A-아/어하다 / A/V-다니요, N(이)라니요 / V-게	일상생활

일러두기*

STUDY에서는 한국어의 일상적인 어휘와 문법을 익히고 다양한 연습을 통해 전달하기, 조언하기 등의 의사소통 과제를 해결하는 능력을 기를 수 있도록 구성하였습니다. 문법에서 기호 N은 명사, A는 형용사, V는 동사를 가리킵니다.

너랑 나랑 한국어 3-A

STUDY

memo*

01

연습하느라고 못 갔어요.

- 학습목표 : 잘못된 일에 대해서 부정하거나 변명할 수 있다.
- 기　　능 : 부정하기, 변명하기
- 문　　법 : N부터 / V-느라고 / A/V-아/어야지요 / A/V-기는요, N(이)기는요 / V-(으)려면 멀었다 / V-아/어다가

리 우 팅 : 우아! 스테파니 씨, 기타를 정말 잘 치네요!

스테파니 : 잘 치기는요. 배운 지 한 달밖에 안 됐어요. 잘 치려면 아직 멀었어요.

리 우 팅 : 그랬군요! 참, 어제 파티에는 왜 안 왔어요?

스테파니 : 이번 주말에 기타 공연이 있어서 연습하느라고 못 갔어요.

어휘와 표현

명사

동아리

동아리 club
서류 document
회원 membership
방법 method
초보 beginner
대상 target; subject

장소/위치

농장 farm
벽 wall
여기저기 here and there
자리 seat
세탁소 launary

외모

미인 beauty
선크림 sun cream, sun block
햇볕 sunlight
양복 suit
팩 face pack

기타

하회탈 Hahoe mask
띠 belt
신문지 newspaper
잼 jam
들꽃 wild flower
재료 ingredients; material
사실 fact

동사

동아리

가입하다 join; become a member (of)
모집하다 recruit
문의하다 inguire
돌아다니다 get around
바꾸다 change
광고하다 advertise
신청하다 apply
신나다 be excited
지원하다 apply for

도서관

기증하다 donate
반납하다 return
확인하다 check
담다 put in
치우다 clean

기타

포기하다 give up
도착하다 arrive
걸다 hang
고치다 fix
닦다 wipe
바르다 apply
꺾다 pluck
대화하다 talk

〈형용사〉

부족하다 lack
지루하다 be boring
지저분하다 be unclean
따갑다 be stinging

〈 부사 〉

차근차근 steadily
꾸준히 steadily, constantly
겨우 only, just
조심히 carefully
당연히 naturally; of course
종일 all day

〈 표현 〉

휴 phew
아이고 oh; ah
꿈을 이루다 realize a dream; (a dream) comes true
스트레스를 풀다 relieve(get rid of) stress
안심이 되다 be relaxed

N 호

1	2	3	4	5
일 호	이 호	삼 호	사 호	오 호
6	7	8	…	?
육 호	칠 호	팔 호	…	몇 호

더 배워 봅시다.

■ 비행기를 태우다 : 남을 지나치게 칭찬한다

예) 최지영 : 마리오 씨는 노래도 잘 부르고 춤도 잘 추네요!

마리오 : **비행기 태우**지 마세요.

■ 금강산도 식후경이다 : 아무리 좋은 경치도 밥을 먹은 후에 봐야 좋아 보인다

예) 가이드 : 지금부터 보실 곳은 남산입니다.

크리스 : 죄송한데요. 우리 밥은 언제 먹나요? **금강산도 식후경**이라고 밥부터 먹읍시다.

여러분도 이야기를 만들어 보세요.

문법 1

[N부터]

배고프니까 일단 밥부터 먹읍시다.

우리, 옷가게부터 갈까요?

고향에 도착하면 여자 친구부터 만날 거예요.

받침 ○ + 부터	책 → 책부터
받침 × + 부터	자리 → 자리부터

1. 쓰세요.

청소	청소부터	대화	
사진		화장실	
전화		크리스 씨	

2. 〈보기〉와 같이 연습하세요.

보기 집에 손님이 오다/방을 치우다

가: 스테파니 씨, 지금 뭐부터 할 거예요?	가: ______________________ ?
나: 집에 손님이 오니까 방부터 치울 거예요.	나: ______________________ .

① 목이 마르다/물을 마시다
② 저녁에 약속이 있다/숙제하다
③ 내일 리에 씨 생일이다/선물을 사다
④ 예쁜 파도를 보고 싶다/바다에 가다
⑤ ?

문법 2

[V-느라고]

병원에 가느라고 학교에 못 갔어요.

커피를 뽑느라고 동전을 다 썼어요.

영화를 보느라고 휴대폰을 꺼 놓았어요.

받침 ○ + 느라고	찾다 → 찾느라고
받침 × + 느라고	보다 → 보느라고

1. 쓰세요.

읽다	읽느라고	숙제하다	
놀다		듣다	
마시다		만들다	

2. 〈보기〉와 같이 연습하세요.

보기 늦다/회의하다

가: 스테파니 씨, 왜 늦었어요? 나: 미안해요. 회의하느라고 늦었어요.	가: ______________ ? 나: ______________ .

① 전화를 안 받다/샤워하다

② 결석하다/고향 친구를 만나다

③ 파티에 안 오다/잠을 자다

④ 돈을 다 쓰다/비행기표를 사다

⑤ ?

문법 3

[A/V-아/어야지요]

저도 올해에는 꼭 결혼해야지요.

교실에 사람이 없으면 불을 꺼야지요.

햇볕이 따가우니까 선크림을 발라야지요?

ㅏ, ㅗ ○ + 아야지요	좋다 → 좋아야지요
ㅏ, ㅗ × + 어야지요	찍다 → 찍어야지요

1. 쓰세요.

가다	가야지요	외우다	
닦다		걷다	
작다		싸다	
귀엽다		건강하다	

2. 〈보기〉와 같이 연습하세요.

보기 제주도에 가다/먼저 비행기표를 사다

가: 제주도에 가려면 어떻게 해야 해요? 나: 먼저 비행기표를 사야지요.	가: ______________ ? 나: ______________ .

① 꿈을 이루다/열심히 노력하다

② 날씬해지다/운동을 꾸준히 하다

③ 아르바이트를 하다/모집 광고를 찾아 보다

④ 대학교에 지원하다/필요한 서류를 준비하다

⑤ ?

이야기해 보세요 1

크 리 스 : 스테파니 씨, 오늘 왜 늦었어요?
스테파니 : 이메일을 보내느라고 늦었어요. 미안해요.
크 리 스 : 약속 시간을 지켜야지요. 다음에는 늦지 마세요.
스테파니 : 알겠어요. 그럼 우리 뭐부터 하면 좋을까요?
크 리 스 : 배가 고프니까 식사부터 합시다.

친구 이름	늦은 이유	뭐부터 할 거예요?
스테파니	이메일을 보내느라고	식사

문법 4

[A/V-기는요, N(이)기는요]

가 : 정말 노래를 잘하는군요!

나 : 잘하기는요. 비행기 태우지 마세요.

가 : 우아, 정말 맛있지 않아요?

나 : 맛있기는요. 저는 매워서 죽겠어요.

A/V-기는요	받침 O + 기는요 받침 × + 기는요	듣다 → 듣기는요 예쁘다 → 예쁘기는요
N(이)기는요	받침 O + 이기는요 받침 × + 기는요	커피숍 → 커피숍이기는요 화가 → 화가기는요

1. 쓰세요.

가다	가기는요	살다	
포기하다		읽다	
무섭다		바쁘다	
멀다		지루하다	
미인		휴가	

2. 〈보기〉와 같이 연습하세요.

보기 운전을 잘하다/아직 초보이다

가: 스테파니 씨, 운전을 잘해요?
나: 잘하기는요. 아직 초보예요.

가: .... ?
나: ....

① 피아노를 잘 치다/아직 많이 부족하다
② 태권도를 잘하다/이제 겨우 노란 띠이다
③ 입고 있는 양복이 편하다/너무 불편하다
④ 이메일에 답장을 썼다/확인도 못했다
⑤ ?

문법 5

[V-(으)려면 멀었다]

봄이 되려면 멀었어요.

책을 다 읽으려면 아직 멀었어요.

한국 사람처럼 말하려면 아직 멀었어요.

받침 ○ + 으려면 멀었다	먹다 → 먹으려면 멀었다
받침 × + 려면 멀었다	보다 → 보려면 멀었다

1. 쓰세요.

찾다	찾으려면 멀었다	쓰다	
닫다		외우다	
열다		졸업하다	

2. 〈보기〉와 같이 연습하세요.

보기 비행기가 도착하다/지금 출발하다

가: 스테파니 씨, 비행기가 도착했어요?
나: 아니요, 지금 출발했어요.
도착하려면 아직 멀었어요.

가: ______________________ ?
나: ______________________ .

① 친구들이 다 오다/1명밖에 안 오다
② 연주회가 끝나다/조금 전에 시작하다
③ 집에서 나오다/지금 일어나다
④ 음식을 다 만들다/방금 재료를 사 오다
⑤ ?

문법 6

[V-아/어다가]

시장에서 생선을 사다가 요리를 했어요.
신문지를 가져다가 하회탈을 만들었어요.
들꽃을 꺾어다가 여자 친구에게 주었어요.

ㅏ, ㅗ O + 아다가	잡다 → 잡아다가
ㅏ, ㅗ × + 어다가	찍다 → 찍어다가

1. 쓰세요.

담다	담아다가	구하다	
준비하다		고치다	
닦다		받다	

2. 〈보기〉와 같이 연습하세요.

보기 연필꽂이를 만들다/책상 위에 놓다

가: 스테파니 씨, 뭐 했어요?	가: ________________?
나: 연필꽂이를 만들어다가 책상 위에 놓았어요.	나: ________________.

① 그림을 그리다/벽에 걸다
② 농장에서 딸기를 따다/딸기 잼을 만들다
③ 안 읽는 책을 모으다/도서관에 기증하다
④ 세탁소에서 옷을 찾다/옷장에 걸어 놓다
⑤ ?

이야기해 보세요 2

리 우 팅 : 마트에서 뭘 샀어요?
스테파니 : 오이를 샀어요.
리 우 팅 : 오이를 사다가 김치를 만들 거예요?
스테파니 : 김치를 만들기는요. 저는 팩을 할 거예요.
리 우 팅 : 아, 그렇군요!

친구 이름	산 것	뭐 할 거예요?
스테파니	오이	팩을 하다

본문

리 우 팅 : 스테파니 씨, 여기예요.

스테파니 : 늦어서 미안해요.

리 우 팅 : 약속 시간보다 20분이나 더 늦었어요. 무슨 일 있었어요?

스테파니 : 미안해요. 도서관에 다녀오느라고 늦었어요.

리 우 팅 : 도서관에는 왜요?

스테파니 : 지난주에 도서관에서 책을 빌려다가 읽었는데 반납하는 날이 오늘까지였어요.

리 우 팅 : 반납은 잘 했어요?

스테파니 : 잘하기는요. 도서관이 쉬는 날이라서 못 했어요. 정말 속상해요.

리 우 팅 : 아이고, 미리미리 반납을 해야지요. 내일은 도서관부터 가 보세요.

스테파니 : 네, 그럴게요. 그런데 영화 시작 시간이 몇 시지요?

리 우 팅 : 1시였는데 배고플 것 같아서 2시 영화로 바꿨어요.

스테파니 : 고마워요.

리 우 팅 : 고맙기는요. 지금 1시니까 영화가 시작되려면 아직 멀었어요.

스테파니 : 그래요? 그럼 이제부터 뭘 하면 좋을까요?

리 우 팅 : 금강산도 식후경인데 우리 밥부터 먹을까요? 근처에 정말 유명한 식당이 있어요.

스테파니 : 우아, 신난다! 서둘러서 오느라고 밥도 못 먹었는데 잘 됐네요! 어서 가요.

1. 위의 내용과 같으면 ○, 다르면 × 하십시오.

① 스테파니 씨는 내일 도서관에 갈 것이다. (　　)

② 스테파니 씨는 지난주에 도서관에서 책을 빌렸다. (　　)

③ 이 사람들이 볼 영화는 2시에 시작된다. (　　)

2. 스테파니 씨는 왜 늦었습니까?

3. 대화가 끝난 후에 두 사람은 무엇을 할까요?

4. 여러분도 친구와의 약속에 늦은 적이 있습니까? 이유가 무엇이었습니까?

듣기

1. 들은 내용과 같으면 ○, 다르면 × 하십시오.
   ① 마리오 씨는 지금 집에 있다. ( )
   ② 스테파니 씨는 30분 전에 출발했다. ( )
   ③ 이 사람들은 함께 청소했다. ( )

2. 마리오 씨와 친구들은 오늘 무엇을 하기로 했습니까?

3. 마리오 씨는 왜 음식을 만들지 못했습니까?

4. 여러분이 친구들을 초대했는데 아직 준비가 안 끝났다면 어떻게 하겠습니까?

읽기

동아리 〈자전거 여행〉 회원 모집

하루 종일 공부만 하느라고 힘든 사람!
건강해지고 싶은데 방법을 모르는 사람!
매일매일 심심하고 지루한 사람!

그러면 안 돼요! 즐겁게 살아야지요.

<자전거 여행>으로 오세요.

한 달에 두 번, 자전거를 타고 여기저기를 돌아다니면서 스트레스를 풀어 보세요.

힘들까요?
힘들기는요. 하루 종일 자전거만 타지 않아요.
기차와 자전거로 돌아다니니까 힘들지 않아요.

자전거를 탈 줄 몰라요? 걱정하지 마세요.
자전거를 잘 타는 선배들이 자전거에 앉는 방법부터 차근차근 가르쳐 줄 거예요.

- 신청 장소 : 학생회관 101호
- 모집 대상 : 단국대학교 학생
- 신청 기간 : 1년 365일 언제나
- 가입 문의 : 리우팅(010-1234-5678)

기억에 남는 대학 생활을 하고 싶은가요?
학생회관에서 만나요!

1. 위의 내용과 같으면 ○, 다르면 × 하십시오.
   ① 이 동아리는 하루 종일 자전거를 탄다. (　　　)
   ② 이 동아리는 학생회관에 있다. (　　　)
   ③ 자전거를 못 타면 가입할 수 없다. (　　　)

2. 이 동아리는 무엇을 하는 곳입니까?

3. 가입하려면 어떻게 해야 합니까?

4. 여러분은 학교에서 어떤 동아리에 가입하고 싶습니까?

쓰기

1. 친구들과 취미 동아리를 만들어 보세요.

동아리 이름		신청 장소	
동아리에서 하는 일		모집 대상	
가입 문의		신청 기간	

2. 동아리를 광고하는 글을 써 보세요.

02

주말에 머리를 할까 해요.

- 학습목표 : 외모와 관련된 어휘을 사용하여 계획과 권유의 표현을 할 수 있다.
- 기　　능 : 계획하기, 권유하기
- 문　　법 : A/V-(으)며, N(이)며 / A/V-아/어 가지고, N이어/여 가지고 / V-(으)ㄹ까 하다 / A/V-(으)ㄴ/는 걸 보니까, N인 걸 보니까 / A/V-(으)ㄴ/는/(으)ㄹ 모양이다, N인 모양이다 / V-기는 틀리다

미 용 사 : 어서 오세요. 어떻게 해 드릴까요?

스테파니 : 머리를 좀 자를까 해요.

미 용 사 : 음, 머리카락이 상한 걸 보니까 파마를 자주 한 모양이에요.

스테파니 : 네, 맞아요. 드라이도 자주 해서 더 상한 것 같아요.

어휘와 표현

명사

미용실
헤어스타일 hair style
곱슬머리 curly hair
뒷머리 back hair
단발머리 bobbed hair
구레나룻 sideburns
모양 shape
생머리 straight hair
앞머리 bangs
옆머리 side hair
가발 wig
이마 brow
커트 cut

결혼식
신랑 (bride) groom
주례 officiant
부케 bouquet
턱시도 tuxedo
족두리 bride's headpiece
축의금 congratulatory money
신부 bride
예식장 wedding hall
웨딩드레스 wedding dress
혼례복 wedding cloth
청첩장 wedding invitation
박수 applaud

장소/위치
민속촌 Folk Village
입구 entrance
서양 the West
부분 part
스키장 ski resort
동양 the East
양쪽 both sides

제품
기능 function
품질 quality

기타
작가 writer
나들이 outing
설거지 dish-washing
인내심 patience
과제 task; homework
병문안 visit to a patient
추상적 abstract
표정 expression

동사

미용실
자라다 grow
기르다 grow
다듬다 trim
땋다 braid one's hair
염색하다 dye
자르다 cut
고르다 choose
드라이하다 blow dry
상하다 be damaged

결혼식

참석하다 attend
입장하다 enter
행진하다 march
절하다 care of bow
떨다 shiver
챙기다 take
차리다 set (the table)
집중하다 concentrate

기타

지각하다 come late
혼나다 be scolded
이해하다 understand
체험하다 experience
회식하다 have a get-together

〈형용사〉

외모

화려하다 be splendia
부스스하다 be disheveled

기타

답답하다 be stuffy
뛰어나다 be outstanding
강하다 be strong
약하다 be weak
다양하다 vary

〈 부사 〉

나란히 side by side
마주 right opposite
절대로 never

〈 표현 〉

머리 모양

머리를 하다 do hair
댕기 머리를 하다 wear (put on) a pingtail ribbon
상투를 틀다 do a man's hair up in a topknot
비녀를 꽂다 wear(put on) an ornamental hairpin

기타

패션 잡지 a fashion journal
조선 시대 the Joseon Dynasty period
연지 곤지를 찍다 put rouge on a bride's face

N 가지

1	2	3	4	5
한 가지	두 가지	세 가지	네 가지	다섯 가지
6	7	8	?	여러
여섯 가지	일곱 가지	여덟 가지	몇 가지	여러 가지

더 배워 봅시다.

■ 수박 겉핥기 : 속 내용은 보지 않고 겉만 본다

예) 크리스 : 이 책 읽어 봤어요?

리우팅 : 네, 전에 읽어 봤는데 시간이 없어서 **수박 겉핥기**로 봤어요.
다음에 천천히 잘 읽어 보고 싶어요.

■ 꿩 대신 닭이다 : 필요한 것이 없을 때 그것과 비슷한 다른 것으로 대신한다

예) 마리오 : 크리스 씨, 오늘 스테파니 씨하고 영화보기로 했는데 약속이 취소됐어요.
시간이 있으면 같이 영화 보러 갈래요?

크리스 : 제가 **꿩 대신 닭**이에요? 다음에 스테파니 씨하고 가세요.

여러분도 이야기를 만들어 보세요.

문법 1

[A/V-(으)며, N(이)며]

이 휴대폰은 품질이 좋으며 다양한 기능을 가지고 있습니다.

조용한 음악을 들으며 과제를 하니까 집중이 잘 되는 것 같아요.

크리스 씨는 한 회사의 사장이며 여행 작가입니다.

A/V-(으)며	받침 O + 으며 받침 × + 며	작다 → 작으며 만나다 → 만나며
N(이)며	받침 O + 이며 받침 × + 며	전통 → 전통이며 선배 → 선배며

1. 쓰세요.

이해하다	이해하며	뛰어나다	
살다		걷다	
따뜻하다		많다	
빠르다		즐겁다	
회사원		여행지	

2. 〈보기〉와 같이 연습하세요.

보기 날씨/비가 많이 오다, 바람이 강하게 불다

가: 날씨가 어떻습니까? 나: 비가 많이 오며 바람이 강하게 붑니다.	가: .... ? 나: ....

① 리에 씨/인내심이 많다, 현명하다
② 이 가방/가격이 싸다, 편리하다
③ 공연/기타를 치다, 노래하다
④ 이 작품/추상적이다, 색이 화려하다
⑤ ?

문법 2

[A/V-아/어 가지고, N이어/여 가지고]

친구 생일에 케이크를 만들어 가지고 왔어요.
옷이 예뻐 가지고 동생에게 선물하려고 샀어요.
수업 시간에 껌을 씹어 가지고 선생님께 혼났어요.

A/V-아/어 가지고	ㅏ, ㅗ ○ + 아 가지고 ㅏ, ㅗ × + 어 가지고	만나다 → 만나 가지고 길다 → 길어 가지고
N이어/여 가지고	받침 ○ + 이어 가지고 받침 × + 여 가지고	주말 → 주말이어 가지고 사과 → 사과여 가지고

1. 쓰세요.

사다	사 가지고	열다	
외우다		찾다	
좋다		비싸다	
맵다		짧다	
입구		도서관	

2. 〈보기〉와 같이 연습하세요.

보기 생일 파티/꽃을 사다

가: 생일 파티에 갈 때 무엇을 준비해야 해요?
나: 꽃을 사 가지고 가세요.

가: ....?
나: ....

① 집들이/휴지를 사다
② 병문안/과일 주스를 만들다
③ 결혼식/축의금을 준비하다
④ 스키장/따뜻한 옷을 챙기다
⑤ ?

3. 〈보기〉와 같이 연습하세요.

보기 공항에 다녀오다/고향 친구가 오다

가: 왜 공항에 다녀왔어요?
나: 고향 친구가 와 가지고 공항에 다녀왔어요.

가: ....?
나: ....

① 지각하다/버스가 늦게 오다
② 밥을 빨리 먹다/배가 너무 고프다
③ 약속을 취소하다/급한 일이 생기다
④ 옷을 많이 입다/날씨가 춥다
⑤ ?

문법 3

[V-(으)ㄹ까 하다]

방학을 하면 여행을 다녀올까 해요.

미용실에 가서 머리를 좀 다듬을까 해요.

오늘 저녁에 영화나 볼까 하는데 같이 보러 갈래요?

받침 O + 을까 하다	씻다 → 씻을까 하다
받침 × + ㄹ까 하다	가다 → 갈까 하다

1. 쓰세요.

만나다	만날까 하다	자르다	
사다		만들다	
신다		여행하다	

2. 〈보기〉와 같이 연습하세요.

보기 주말/영화를 보러 가다

가: 주말에 뭐 할 거예요?	가: ______________ ?
나: 영화를 보러 갈까 해요.	나: ______________ .

① 방학/수영을 배우러 다니다
② 내일/집에서 쉬면서 책을 읽다
③ 시험 후/집에 친구들을 초대하다
④ 토요일/집이 너무 더러워서 청소하다
⑤ ?

이야기해 보세요 1

스테파니 : 마리오 씨, 고향에 갈 준비를 다 했어요?

마 리 오 : 네, 부모님께 드릴 선물만 사면 돼요.

스테파니 : 무슨 선물을 사 가지고 갈 거예요?

마 리 오 : 우리 어머니는 펜을 좋아하시니까 예쁜 펜을 살까 해요. 그리고 아버지는 지갑을 좋아하시니까 멋진 지갑을 살까 해요.

스테파니 : 그렇군요! 저도 동생에게 줄 선물을 살까 해요.

마 리 오 : 무슨 선물을 사 가지고 갈 거예요?

스테파니 : 제 동생은 인형을 좋아하니까 한복을 입은 인형을 사 가지고 갈까 해요.

친구 이름	무슨 선물을 준비할 거예요?
마리오	펜과 지갑
스테파니	인형

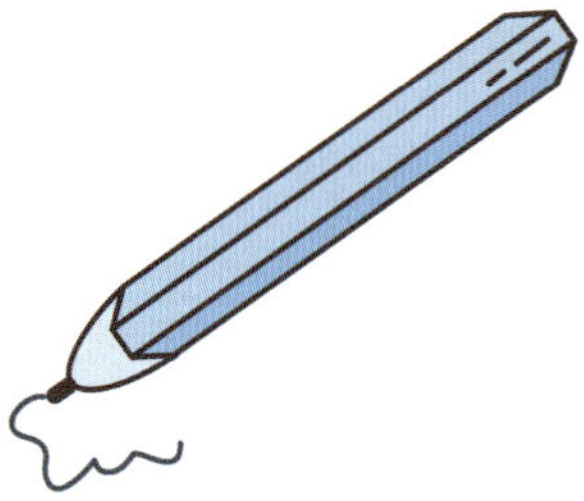

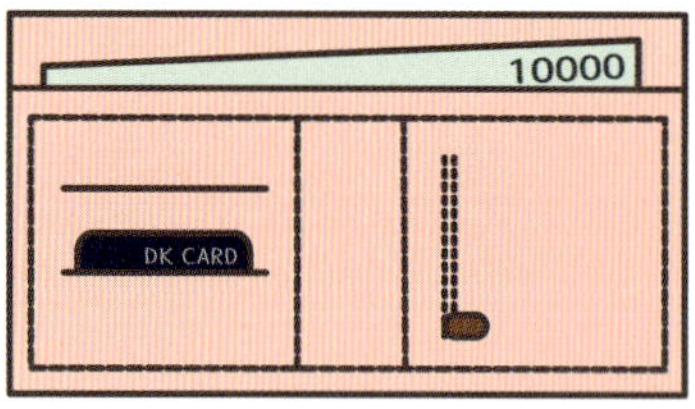

문법 4

[A/V-(으)ㄴ/는 걸 보니까, N인 걸 보니까]

스테파니 씨가 뛰어가는 걸 보니까 많이 바쁜 것 같아요.

저 식당에 손님이 많은 걸 보니까 음식이 정말 맛있나 봐요.

도서관에 앉을 자리가 없는 걸 보니까 요즘 시험 기간인가 봐요.

V-는 걸 보니까	받침 O + 는 걸 보니까 받침 × + 는 걸 보니까	벗다 → 벗는 걸 보니까 자다 → 자는 걸 보니까
A-(으)ㄴ 걸 보니까	받침 O + 은 걸 보니까 받침 × + ㄴ 걸 보니까	적다 → 적은 걸 보니까 깨끗하다 → 깨끗한 걸 보니까
N인 걸 보니까	받침 O + 인 걸 보니까 받침 × + 인 걸 보니까	선생님 → 선생님인 걸 보니까 의사 → 의사인 걸 보니까

1. 쓰세요.

땀을 흘리다	땀을 흘리는 걸 보니까	땀을 흘린 걸 보니까
설거지를 하다		
길을 잘 찾다		
시끄럽다		
날씬하다		
통화 중		
단발머리		

2. 〈보기〉와 같이 연습하세요.

보기 날씨/하늘이 흐리다, 비가 오다

가: 날씨가 어때요? 나: 하늘이 흐린 걸 보니까 비가 올 것 같아요.	가: ________________ ? 나: ________________ .

① 저 아기/잘 먹다, 건강하다
② 저 가게/줄이 길다, 유명하다
③ 이 노트북/기능이 많다, 비싸다
④ 저 사람/표정이 어둡다, 무슨 일이 생기다
⑤ ?

문법 5

[A/V-(으)ㄴ/는/(으)ㄹ 모양이다, N인 모양이다]

애니 씨가 지금 바쁜 모양이에요.
리우팅 씨가 집에 가는 모양이에요.
날씨가 흐린 걸 보니까 비가 올 모양이에요.

V-는 모양이다	받침 O + 는 모양이다 받침 × + 는 모양이다	듣다 → 듣는 모양이다 보다 → 보는 모양이다
A-(으)ㄴ 모양이다	받침 O + 은 모양이다 받침 × + ㄴ 모양이다	괜찮다 → 괜찮은 모양이다 슬프다 → 슬픈 모양이다
N인 모양이다	받침 O + 인 모양이다 받침 × + 인 모양이다	도서관 → 도서관인 모양이다 감기 → 감기인 모양이다

1. 쓰세요.

사다	산 모양이다	사는 모양이다	살 모양이다
다듬다			
고르다			
따뜻하다			
귀엽다			
모델			
액션 영화			

2. 〈보기〉와 같이 연습하세요.

보기 마리오 씨, 전화를 안 받다/바쁘다

가: 마리오 씨가 전화를 안 받네요!	가: .... !
나: 바쁜 모양이에요.	나: ....

① 애니 씨, 청소하다/방이 지저분하다
② 크리스 씨, 코트를 입고 있다/춥다
③ 리우팅 씨, 혼자 밥을 먹다/여자 친구와 헤어지다
④ 리에 씨, 기침을 하다/감기에 걸리다
⑤ ?

3. 〈보기〉와 같이 연습하세요.

보기 마리오 씨가 꽃을 사다/여자 친구에게 주다

가: 왜 마리오 씨가 꽃을 살까요?	가: .... ?
나: 음! 꽃을 사는 걸 보니까 여자 친구에게 줄 모양이에요.	나: ....

① 스테파니 씨가 백화점에 가다/쇼핑하다
② 리에 씨가 아직 안 오다/오늘은 집에서 쉬다
③ 영화관이 어두워지다/곧 영화가 시작되다
④ 애니 씨가 화장을 하다/데이트를 하다
⑤ ?

문법 6

[V-기는 틀리다]

시간이 늦어서 쇼핑하러 가기는 틀렸어요.

가방을 잃어버렸는데 찾기는 틀린 것 같아요.

살을 빼기는 틀렸으니까 치킨이나 먹으러 가자.

받침 ○ + 기는 틀리다	끊다 → 끊기는 틀리다
받침 × + 기는 틀리다	오다 → 오기는 틀리다

1. 쓰세요.

사용하다	사용하기는 틀리다	출발하다	
올라가다		빌리다	
돈을 벌다		약속을 지키다	

2. 〈보기〉와 같이 연습하세요.

보기 주말에 영화를 보러 가다/일이 많다

가: 주말에 영화를 보러 갈 거예요?	가: .... ?
나: 일이 많아서 보러 가기는 틀렸어요.	나: ....

① 고향에 다녀오다/방학이 짧다
② 다이어트하다/요즘 회식이 많다
③ 어제 본 옷을 사다/용돈을 다 쓰다
④ 정말 내년에 결혼하다/사귀는 사람이 없다
⑤ ?

이야기해 보세요 2

마리오 : 리에 씨가 지금 뭐 하고 있어요?

최지영 : 창문을 열고 있어요.

마리오 : 그래요? 왜 창문을 열고 있을까요?

최지영 : 창문을 여는 걸 보니까 아마 더운 모양이에요.

친구 이름	무엇을 하고 있어요?	왜 그것을 하고 있을까요?
리에	창문을 열고 있다	더운 모양이다

tip 미션 용지를 주고 행동한 후 다른 친구들이 맞히도록 하세요.

본문

미 용 사 : 여기 앉으세요. 어떻게 해 드릴까요?

스테파니 : 머리가 많이 자라서 지저분해요. 좀 자르고 파마도 할까 해요.

미 용 사 : 어디 좀 볼까요? 아이고, 머리카락 끝이 많이 상했어요.

스테파니 : 그래요? 파마를 하고 싶었는데 파마하기는 틀렸네요!

미 용 사 : 파마를 하면 머리카락이 더 상해서 부스스해질 거예요.

스테파니 : 그럼 커트만 할 수 있어요?

미 용 사 : 네, 머리카락 끝이 상한 걸 보니까 파마를 자주 하신 모양이에요.

스테파니 : 맞아요. 요즘 파마와 염색을 자주 했어요.

미 용 사 : 상한 머리는 모두 자르는 것이 좋겠어요.

스테파니 : 얼마나 짧게 잘라야 해요?

미 용 사 : 상한 부분을 다 자르면 머리가 어깨까지 올 거예요. 앞머리가 있으면 귀여울 것 같은데 잘라 드릴까요?

스테파니 : 앞머리가 있으면 답답해서 싫어요.

미 용 사 : 그럼 상한 머리만 잘라 드릴게요.

스테파니 : 네, 예쁘게 해 주세요.

미 용 사 : 오늘 중요한 일이 있나 봐요?

스테파니 : 대학교 때부터 함께 공부하며 친하게 지낸 친구가 결혼해요. 거기에서 제가 부케를 받기로 했어요.

미 용 사 : 그렇군요! 그럼 제가 패션 잡지를 찾아 가지고 올게요. 거기에서 마음에 드는 헤어스타일을 골라 보세요.

스테파니 : 파마를 못 하는데 마음에 드는 머리를 할 수 있을까요?

미 용 사 : 그럼요. 드라이만 잘 하면 파마한 것처럼 예쁜 머리 모양을 만들 수 있어요.

1. 위의 내용과 같으면 ○, 다르면 × 하십시오.

① 스테파니 씨는 내일 결혼식에 갈 것이다. ( )
② 스테파니 씨는 파마를 하려고 했다. ( )
③ 파마를 안 하면 예쁜 머리 모양을 만들 수 없다. ( )

2. 스테파니 씨는 왜 머리카락이 상했습니까?

3. 스테파니 씨가 할 머리 모양으로 알맞은 것을 고르십시오.

①  ②  ③ 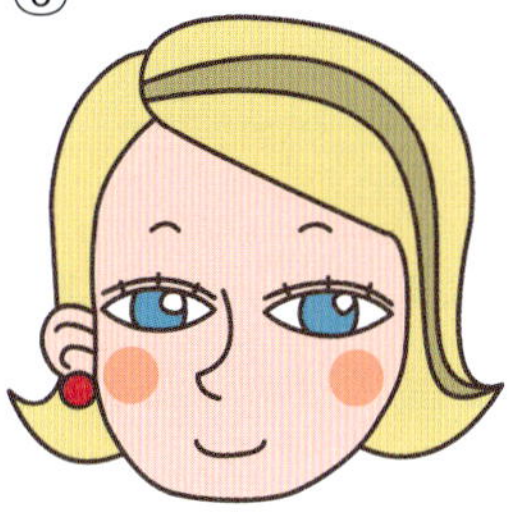 ④ 

4. 위의 대화처럼 미용사와 손님이 되어 어떻게 머리를 할지 이야기해 보세요.

듣기

1. 들은 내용과 같으면 ○, 다르면 × 하십시오.

① 옛날에는 머리 모양을 쉽게 바꿀 수 있었다. (　　　)

② 결혼을 하면 머리 모양을 바꿨다. (　　　)

③ 어릴 때에는 여자만 댕기 머리를 했다. (　　　)

2. 무슨 이야기를 하고 있습니까?

3. 옛날 한국 사람들이 머리를 자르지 않은 이유는 무엇입니까?

4. 여러분 나라의 옛날 사람들은 어떤 머리를 했습니까?

읽기

지난 주말에 최지영 씨의 언니가 결혼을 했다.

나와 리우팅 씨는 결혼식에 초대를 받아서 함께 다녀왔다. 보통 한국의 결혼식은 서양의 결혼식처럼 웨딩드레스를 입는다. 그런데 최지영 씨의 언니는 한복을 입고 전통 결혼식을 했다. 결혼식 장소는 민속촌이었다. 이곳에서는 한국 전통 문화를 볼 수 있으며 다양한 체험도 할 수 있다. 주말이라서 민속촌 안에는 결혼식에 참석한 손님들도 있고 그냥 나들이를 온 사람들도 있었다.

신랑과 신부는 전통 혼례복을 입었는데 신랑의 까만 모자와 신발, 그리고 파란색 한복이 정말 멋있었다. 신부는 머리에 족두리를 쓰고 이마와 양쪽 볼에 빨간 색 연지 곤지를 찍었는데 정말 아름다웠다. 신랑과 신부가 입장을 하고 결혼식이 시작되었다. 서양 결혼식은 신랑, 신부가 나란히 서서 주례 선생님의 말씀을 듣는다. 그런데 한국 전통 결혼식은 두 사람이 음식을 차려 놓은 식탁 양쪽에 마주 보고 서서 절을 했다.

두 사람 모두 떨지도 않고 웃는 걸 보니까 정말 행복한 모양이었다. 결혼식이 끝난 다음에는 식당으로 가서 갈비탕을 먹었는데 정말 맛있었다. 더 구경하고 싶었지만 사람도 많고 시간도 부족했다. 하루에 다 구경하기는 틀린 것 같아서 어머니께 드릴 예쁜 부채만 사 가지고 집으로 돌아왔다. 수박 겉핥기로 본 것 같아서 너무 아쉬웠다. 시간이 되면 다음 주쯤에 다시 가서 천천히 구경할까 한다.

1. 위의 내용과 같으면 ○, 다르면 × 하십시오.

① 최지영 씨는 지난 주말에 결혼했다. (　　)

② 이 사람은 민속촌에 다녀왔다. (　　)

③ 이 사람은 어머니께 드릴 선물을 샀다. (　　)

2. 이 사람은 다음 주에 무엇을 하려고 합니까?

3. 한국의 전통 결혼식에서 신랑, 신부는 어떤 옷을 입었습니까?

4. 여러분 나라의 전통 결혼식은 어떻습니까?

쓰기

1. 여러분도 관심이 있는 나라의 결혼식을 조사해 보세요.

나라 이름	
결혼식 때 입는 옷	
결혼식 때 먹는 음식	
결혼식 때 하는 선물	
결혼식의 순서	

2. 결혼식을 소개하는 글을 써 보세요.

03

페스티벌에 가자고 했어요.

- 학습목표 : 간접화법을 이용하여 다른 사람에게 정보를 전달할 수 있다.
- 기　　능 : 전달하기
- 문　　법 : 준말 / V-ㄴ/는다고 하다, A-다고 하다, N(이)라고 하다 / A/V-냐고 하다/묻다, N(이)냐고 하다/묻다 / V-자고 하다, V-지 말자고 하다 / V-(으)라고 하다, V-지 말라고 하다 / A/V-(으)ㄹ 거라고 하다, N일 거라고 하다

스테파니 : 요즘 서울에서 축제를 한다고 해요.

리 우 팅 : 그래요? 어떤 축제예요?

스테파니 : 한국 문화를 볼 수 있는 축제라고 해요. 같이 갈래요?

리 우 팅 : 좋아요. 마리오 씨에게 같이 가자고 합시다.

어휘와 표현

〈 명사 〉

행사

개막식 opening ceremony
폐막식 closing ceremony
행사장 event hall
벼룩시장 flea market
공예품 handicraft
특산물 rocal specialty
볼거리 spectacle
관광객 tourist
담당자 The person in charge
댄스 dance
대회 contest
예정 plan
의상 clothes
일정 program
일정표 schedule
자원봉사 volunteer work

음식

카레 curry
케밥 kebab
타코야키 takoyaki

장소

정문 main gate
당구장 billiard hall
광화문 Gwanghwamun
인도 India
터키 Turkey
전시장 exhibition center

기타

식목일 tree-planting day
결혼기념일 wedding anniversary
국가 nation
각국 each country
로션 lotion
목소리 voice
희소식 good news

〈 동사 〉

행사

참가하다 participate
발표하다 announce
통역하다 interprete
즐기다 enjoy
느끼다 feel
맛보다 taste
개최하다 hold
전시하다 exhibit
판매하다 sell
활동하다 be in activity

〈형용사〉

독특하다 be unique
색다르다 be novel
궁금하다 be curious

〈 부사 〉 또한 also　　오래 a long time

〈 표현 〉 행사
서울거리예술축제 Street Arts Festival in Seoul
퍼레이드 parade　　안내 센터 information center
청계광장 Cheonggye Plaza　　서울광장 Seoul Plaza

제N 회

1	2	3	4	5
제일 회	제이 회	제삼 회	제사 회	제오 회
6	7	8	…	?
제육 회	제칠 회	제팔 회	…	몇 회

더 배워 봅시다.

- 발이 넓다 : 아는 사람이 많다
  예) 리에 : 제 친구는 여러 나라에 아는 사람들이 많아요.
  애니 : **발이 넓**은 사람이네요!

- 골치(가) 아프다 : 어려운 일이 있어서 머리가 아프다
  예) 리우팅 : 요즘 잘 지내고 있어요?
  마리오 : 아니요, 이사하는데 문제가 생겨서 **골치가 아파**요.

여러분도 이야기를 만들어 보세요.

문법 1

[준말]

이것이	이게	이것은	이건
저것이	저게	저것은	저건
그것이	그게	그것은	그건
저는/나는	전/난	저를/나를	절/날
너는	넌	너를	널
무엇이	뭐가	무엇을	뭘

1. 〈보기〉와 같이 연습하세요.

보기 이것이 무엇입니까? → 이게 뭐예요?

① 그것은 공예품입니다. →
② 저는 안 가려고 합니다. →
③ 무엇이 마음에 듭니까? →
④ 너를 사랑한다. →
⑤ ?

문법 2

[V-ㄴ/는다고 하다, A-다고 하다, N(이)라고 하다]

크리스 씨는 주말에 보통 명동에 간다고 해요.
스테파니 씨가 어제 심하게 아팠다고 했어요.
선생님께서 학생들에게 내일은 한글날이라고 하셨어요.

V-ㄴ/는다고 하다	받침 O + 는다고 하다 받침 × + ㄴ다고 하다	듣다 → 듣는다고 하다 보다 → 본다고 하다
A-다고 하다	받침 O + 다고 하다 받침 × + 다고 하다	많다 → 많다고 하다 예쁘다 → 예쁘다고 하다
N(이)라고 하다	받침 O + 이라고 하다 받침 × + 라고 하다	로션 → 로션이라고 하다 커피 → 커피라고 하다

1. 쓰세요.

만나다	만난다고 하다	만났다고 하다
마음에 들다		
마시다		
적다		
비싸다		
숙제		
결혼기념일		

2. 〈보기〉와 같이 연습하세요.

보기 스테파니 : 저는 청계광장에 가요.

가: 스테파니 씨가 뭐라고 했어요?	가: ______________________?
나: 청계광장에 간다고 했어요.	나: ______________________.

① 마리오 : 요즘 날씨가 좋아요.
② 리　에 : 어제 비빔밥을 먹었어요.
③ 애　니 : 제 언니가 의사예요.
④ 크리스 : 저는 선생님이 아니에요.
⑤ ?

문법 3

[A/V-냐고 하다/묻다, N(이)냐고 하다/묻다]

스테파니 씨가 배고프냐고 해요.
친구가 저에게 태권도를 배웠냐고 했어요.
마리오 씨가 그 사람이 남자 친구냐고 물어봤어요.

A/V-냐고 하다/묻다	받침 O + 냐고 하다/묻다	믿다 → 믿냐고 하다/묻다
	받침 × + 냐고 하다/묻다	아프다 → 아프냐고 하다/묻다
N(이)냐고 하다/묻다	받침 O + 이냐고 하다/묻다	동생 → 동생이냐고 하다/묻다
	받침 × + 냐고 하다/묻다	누구 → 누구냐고 하다/묻다

tip 예전에는 'V-느냐고', 'A-(으)냐고'를 사용했는데 요즘에는 'A/V-냐고'를 주로 사용합니다.

1. 쓰세요.

보다	보냐고 하다/묻다	봤냐고 하다/묻다
읽다		
고르다		
피곤하다		
멀다		
식목일		
몇 번 버스		

2. 〈보기〉와 같이 연습하세요.

보기 스테파니 : 단국대학교에 박물관이 있어요?

가 : 스테파니 씨가 뭐라고 했어요?
나 : 단국대학교에 박물관이 있냐고 했어요.

가: ____________________?
나: ____________________.

① 마리오 : 어디에서 개막식을 해요?
② 리 에 : 리우팅 씨의 목소리가 어때요?
③ 리우팅 : 우리 학교 축제에 가수도 와요?
④ 토 린 : 숙제가 뭐예요?
⑤ ?

이야기해 보세요 1

리 우 팅 : 스테파니 씨, 오늘 날씨가 어때요?

스테파니 : 날씨가 맑아요.

리 에 : 리우팅 씨, 스테파니 씨가 뭐라고 했어요?

리 우 팅 : 날씨가 맑다고 했어요.

질문	리우팅	
오늘 날씨가 어때요?	스테파니 씨가 날씨가 맑다고 했어요.	
좋아하는 가수가 누구예요?		

문법 4

[V-자고 하다, V-지 말자고 하다]

크리스 씨가 같이 놀자고 해요.

친구가 같이 도자기를 배우자고 했어요.

마리오 씨가 술을 마시지 말자고 했어요.

V-자고 하다	받침 O + 자고 하다 받침 × + 자고 하다	열다 → 열자고 하다 보다 → 보자고 하다
V-지 말자고 하다	받침 O + 지 말자고 하다 받침 × + 지 말자고 하다	읽다 → 읽지 말자고 하다 자르다 → 자르지 말자고 하다

1. 쓰세요.

기다리다	기다리자고 하다	기다리지 말자고 하다
닫다		
헤어지다		
뽑다		

2. 〈보기〉와 같이 연습하세요.

보기 스테파니 : 벼룩시장에 갑시다.

가: 스테파니 씨가 뭐라고 했어요? 나: 벼룩시장에 가자고 했어요.	가: ....? 나: ....

① 리우팅 : K-POP 공연을 봅시다.

② 리　에 : 오후에 같이 연극 연습을 합시다.

③ 마리오 : 오늘부터 늦잠을 자지 맙시다.

④ 애　니 : 오늘은 피곤하니까 운동하지 맙시다.

⑤ ?

문법 5

[V-(으)라고 하다, V-지 말라고 하다]

병원에서 하루에 세 번 약을 먹으라고 했어요.

선생님께서 학교에 일찍 오라고 하셨어요.

부모님께서 친구하고 싸우지 말라고 하셨어요.

V-(으)라고 하다	받침 O + 으라고 하다 받침 × + 라고 하다	읽다 → 읽으라고 하다 타다 → 타라고 하다
V-지 말라고 하다	받침 O + 지 말라고 하다 받침 × + 지 말라고 하다	받다 → 받지 말라고 하다 뛰다 → 뛰지 말라고 하다

Tip "다른 사람에게 주세요."는 '주라고 하다'를 "나에게 주세요."는 '달라고 하다'를 사용합니다.

1. 쓰세요.

가다	가라고 하다	가지 말라고 하다
찍다		
입다		
취소하다		
(다른 사람에게) 주다		
(나에게) 주다		

2. 〈보기〉와 같이 연습하세요.

보기 스테파니 : 자리에 앉으세요.

가: 스테파니 씨가 뭐라고 했어요?
나: 자리에 앉으라고 했어요.

가: ______________________________ ?
나: ______________________________ .

① 마리오 : 이 운동은 꼭 하세요.
② 선생님 : 지각하지 마세요.
③ 크리스 : 물 좀 주세요.
④ 토 린 : 리에 씨에게 꽃을 주세요.
⑤ ?

문법 6

[A/V-(으)ㄹ 거라고 하다, N일 거라고 하다]

크리스 씨가 내일은 비가 올 거라고 해요.
선생님께서 시험이 쉬울 거라고 하셨어요.
스테파니 씨가 저 가게는 당구장일 거라고 했어요.

A/V-(으)ㄹ 거라고 하다	받침 O + 을 거라고 하다 받침 × + ㄹ 거라고 하다	높다 → 높을 거라고 하다 자다 → 잘 거라고 하다
N일 거라고 하다	받침 O + 일 거라고 하다 받침 × + 일 거라고 하다	학생 → 학생일 거라고 하다 영어 → 영어일 거라고 하다

1. 쓰세요.

가다	갈 거라고 하다	갔을 거라고 하다
믿다		
바쁘다		
맛있다		
휴가		
서울광장		

2. 〈보기〉와 같이 연습하세요.

보기 스테파니 : 내일은 날씨가 좋을 거예요.

가: 스테파니 씨가 뭐라고 했어요?
나: 내일은 날씨가 좋을 거라고 했어요.

가: ______________________?
나: ______________________.

① 마리오 : 폐막식에 사람이 많이 올 거예요.
② 리　에 : 방학이 되면 비행기표가 비쌀 거예요.
③ 리우팅 : 주말에 댄스 대회에 참가할 거예요.
④ 토　린 : 지금 스테파니 씨는 게임하고 있을 거예요.
⑤ ?

이야기해 보세요 2

스테파니 : 여러분, 오늘은 리에 씨 생일이에요. 그러니까 수업이 끝난 후에 같이 저녁을 먹읍시다. 같이 가고 싶은 사람은 5시까지 정문 앞으로 오세요. 선물도 준비하세요.

- 잠시 후 -

리 우 팅 : 애니 씨, 화장실에 다녀오느라고 스테파니 씨 이야기를 못 들었어요. 미안한데 스테파니 씨가 뭐라고 했어요? 정말 궁금해요.

애 니 : 스테파니 씨가 오늘 저녁에 리에 씨 생일 파티를 할 거라고 했어요.

리 우 팅 : 그렇군요! 저도 같이 가고 싶어요.

애 니 : 같이 가고 싶은 사람은 5시에 정문 앞으로 오라고 했어요. 저도 갈 거니까 이따가 만나요.

	스테파니		
무엇을 한다고 했어요?	리에 씨 생일 파티		
몇 시에 만난다고 했어요?	5시		
어디로 오라고 했어요?	정문 앞		
무엇을 준비하라고 했어요?	선물		

본문

리 우 팅 : 요즘 기숙사에만 있으니까 좀 심심한 것 같아요. 뭐 재미있는 일이 없을까요?

스테파니 : 다음 주에 서울에서 서울거리예술축제를 하는데 같이 갈래요?

리 우 팅 : 서울거리예술축제? 그게 뭐예요?

스테파니 : 태권도나 K-POP과 같은 다양한 공연을 볼 수 있는 축제라고 해요.

리 우 팅 : 그렇군요! 거기에서 또 뭘 할 수 있어요?

스테파니 : 부채나 하회탈을 만드는 전통 문화 체험도 할 수 있다고 해요.

리 우 팅 : 스테파니 씨는 이 행사를 어떻게 알았어요?

스테파니 : 제 친구가 여기에서 자원봉사를 하는데 저에게 같이 하자고 했어요.

리 우 팅 : 자원봉사를 하면 많은 것을 느낄 수 있을 것 같아요. 그런 좋은 친구도 알고 스테파니 씨는 정말 발이 넓은 것 같아요.

스테파니 : 한국에 오래 살았으니까요. 리우팅 씨도 같이 할래요?

리 우 팅 : 제가요? 어떤 일을 하면 돼요?

스테파니 : 행사장 안내 센터에서 중국어를 통역해 줄 사람이 필요하다고 해요.

리 우 팅 : 우아! 재미있을 것 같아요. 참, 마리오 씨에게도 같이 가자고 할까요?

스테파니 : 좋아요. 그럼 제가 전화해서 마리오 씨에게 같이 가자고 할게요.

리 우 팅 : 그래요. 마리오 씨도 정말 좋아할 거예요.

1. 위의 내용과 같으면 ○, 다르면 × 하십시오.

① 리우팅 씨는 요즘 아주 바쁘다. ( )

② 스테파니 씨는 인터넷을 보고 이 축제를 찾았다. ( )

③ 스테파니 씨와 리우팅 씨는 이 축제에서 자원봉사를 하기로 했다. ( )

2. 이 축제에서는 무엇을 합니까?

3. 스테파니 씨는 어떻게 이 행사를 알게 되었습니까?

4. 여러분도 한국의 축제를 찾아보고 친구에게 축제 일정을 이야기해 주세요.

듣기

1. 들은 내용과 같으면 ○, 다르면 × 하십시오.
   ① 스테파니 씨는 작년에 이 행사를 본 적이 있다. ( )
   ② 이 사람들은 월요일에 뮤지컬을 볼 것이다. ( )
   ③ 이 사람들은 광화문에서 만나기로 했다. ( )

2. 태권도 공연은 어디에서 합니까?

3. 이 사람들은 몇 시에 어디에서 만납니까?

4. 여러분은 재미있는 축제에 참가해 본 적이 있습니까? 어떤 축제였습니까?

읽기

http://www.news.com

서울의 가을, 맛있는 축제

2017년 10월 7일 09시 10분 15초

10월 둘째 주 주말, 세계 음식 문화 축제를 개최해

색다른 볼거리를 찾는 사람들에게 희소식이 생겼다.

서울시에서는 10월 둘째 주 주말에 광화문 근처에서 제4회 세계 음식 문화 축제를 개최한다고 발표했다. 매년 개최되는 세계 음식 문화 축제에 올해는 30개 국가가 참가할 예정이다.

이 축제에서는 일본의 타코야키, 태국의 팟타이, 인도의 카레, 터키의 케밥처럼 다양한 세계 음식을 맛볼 수 있다고 한다. 또한, 전시장에서는 세계 각국의 독특한 특산물과 전통 공예품을 전시, 판매한다.

오후에는 많은 사람들이 각국의 전통 의상을 입고 나와서 퍼레이드를 할 예정이며 밤이 되면 K-POP 가수들이 나와서 노래를 부른다고 한다.

축제 담당자는 이 축제에서 많은 관광객들이 세계의 문화를 이해하고 즐길 수 있으면 좋겠다고 말했다.

김단국 기자 dankook@dankook.ac.kr

1. 위의 내용과 같으면 ○, 다르면 × 하십시오.
   ① 이 축제는 1년마다 한다. (　　)
   ② 이 축제에서 다양한 세계 음식을 만들 수 있다. (　　)
   ③ K-POP 가수들의 퍼레이드가 있을 예정이다. (　　)

2. 이 축제는 언제 합니까?

3. 이 축제에서 무엇을 살 수 있습니까?

4. 여러분이 이 축제에 참가한다면 무엇을 하고 싶습니까?

쓰기

1. 여러분이 가 본 축제를 소개해 보세요.

축제 이름	
축제 기간	
축제에서 할 수 있는 활동	
축제에 참여하는 방법	

2. 축제를 소개하는 기사를 써 보세요.

memo*

04 스테파니 씨는 정말 학생답네요!

- 학습목표 : 추측의 표현을 이용하여 학교의 시설에 대해 이야기할 수 있다.
- 기　　능 : 첨가하기, 추측하기
- 문　　법 : V-아/어야겠다 / V-(으)나 마나 / A/V-(으)ㄹ걸요, N일걸요 / A/V-(으)ㄹ 뿐만 아니라, N뿐만 아니라, N일 뿐만 아니라 / N(이)든지 / N답다

토린 : 스테파니 씨는 어떤 사람이에요?

리에 : 스테파니 씨는 친절할 뿐만 아니라 공부도 열심히 하는 학생이에요.
지금도 아마 도서관에 있을걸요.

토린 : 그래요? 스테파니 씨는 정말 학생답네요!

리에 : 저도 도서관에 가야겠어요. 내일 만나요.

어휘와 표현

〈 명사 〉

장소

수도 capital
매표소 ticket office
바닥 floor
이태원 Itaewon
조리실 kitchen

여행

안내서 guide book
댓글 comment
전용 exclusive use
최고 the best
보물 treasure
세상 world
정보 information
알짜 the cream of the crop
메모지 memo paper

직업/자격

아나운서 announcer
장남 the frist-born son
일반인 the public
소년 boy
꼴찌 the last; the bottom
모범생 model student
책임감 responsibility
조교 assistant
전문가 specialist
소녀 girl
일등 the first rank
연습생 trainee
자격증 license

건강

손톱 nail
황사 yellow dust
충치 dental caries
꽃가루 pollen
효과 effect
미백 whitening

〈 동사 〉

사회 활동

공유하다 share
정하다 decide
합격하다 pass; get through
관리하다 care
칭찬하다 compliment
사과하다 apologize
이용하다 use
연락하다 contact
예방하다 prevent

기타

빨다 wash
세차하다 wash a car

충전하다 charge
바라보다 gaze at
낚시하다 fish
운행하다 run

형용사

성격

다정하다 be sweet
씩씩하다 be valiant

기타

정확하다 accurate
저렴하다 be cheap
값비싸다 be expensive
푸짐하다 be abundant
소용없다 be useless

부사

솔직히 honestly
물론 of course
역시 as well
보나마나 to be sure

표현

배려심 consider ation
네일샵 nail salon
스터디룸 study room
서울 시티투어 Seoul City Tour
리모델링하다 remodel; renovate
버스비 bus fare
우승 팀 champion team
패스트푸드점 fast-food restaurant
리필하다 refill
SNS Social Network Service

더 배워 봅시다.

■ 입을 모으다 : 여러 사람이 같은 의견을 말한다

예) 마리오 : 스테파니 씨가 다른 친구를 많이 도와준다고 들었어요.
크리스 : 맞아요. 모든 친구들이 **입을 모**아 칭찬하는 것을 저도 들었어요.

■ 제 눈에 안경이다 : 다른 사람의 마음과 상관없이 내 마음에만 들면 된다

예) 리에 : 저는 우리 반에서 마리오 씨가 제일 잘생긴 것 같아요.
애니 : 정말이에요? **제 눈에 안경**이네요! 마리오 씨가 제일 잘생겼다고 말한 사람은 리에 씨가 처음이에요.

여러분도 이야기를 만들어 보세요.

문법 1

[V-아/어야겠다]

주말에는 낚시하러 가야겠어요.

추우니까 따뜻한 옷을 입어야겠어요.

내일부터 열심히 다이어트를 해야겠어요.

ㅏ, ㅗ ○ + 아야겠다	만나다 → 만나야겠다
ㅏ, ㅗ × + 어야겠다	읽다 → 읽어야겠다

1. 쓰세요.

찾다	찾아야겠다	기다리다	
돕다		방을 치우다	
약속을 정하다		상담을 받다	

2. 〈보기〉와 같이 연습하세요.

보기 오후에 비가 오다/우산을 챙기다

가: 오후에 비가 온다고 해요.	가: ______________________.
나: 그래요? 그럼 저도 우산을 챙겨야겠네요!	나: ______________________!

① 다음 주에 시험이 있다/약속을 취소하다

② 학교 축제에 유명한 가수들이 오다/가서 사진을 찍다

③ 다음 주에 DK에서 연습생을 모집하다/신청하다

④ 리에 씨가 네일샵에서 손톱 관리를 받다/같이 가다

⑤ ?

문법 2

[V-(으)나 마나]

요즘 황사가 심해서 교실 바닥을 닦으나 마나예요.

수업이 끝나서 교실에 가나 마나 아무도 없을 거예요.

지금 비가 많이 와서 우산을 쓰나 마나 소용없어요.

받침 O + 으나 마나	읽다 → 읽으나 마나
받침 × + 나 마나	사다 → 사나 마나

1. 쓰세요.

씻다	씻으나 마나	바르다	
만들다		바꾸다	
입다		생각하다	

2. 〈보기〉와 같이 연습하세요.

보기 저 식당이 맛있다/사람이 없다, 먹어 보다

가: 저 식당이 맛있을까요?

나: 사람이 없는 걸 보니까 먹어 보나 마나예요.

가: .... ?

나: ....

① 리에 씨가 TOPIK 시험에 합격했다/연락이 없다, 물어보다

② 택시를 타면 일찍 도착하다/길이 복잡하다, 타다

③ 오늘 세차하러 가다/꽃가루가 심하다, 하다

④ 운동화를 세탁소에 가져가다/너무 더럽다, 빨다

⑤ ?

문법 3

[A/V-(으)ㄹ걸요, N일걸요]

그 강의는 어려워서 지루할걸요.

반에서 일등을 하면 장학금을 받을걸요.

요즘 스테파니 씨가 회사에 취직해서 바쁠걸요.

A/V-(으)ㄹ걸요	받침 O + 을걸요 받침 × + ㄹ걸요	괜찮다 → 괜찮을걸요 출발하다 → 출발할걸요
N일걸요	받침 O + 일걸요 받침 × + 일걸요	반장 → 반장일걸요 최고 → 최고일걸요

1. 쓰세요.

만나다	만날걸요	만났을걸요
읽다		
충전하다		
많다		
예쁘다		
비밀		
조교		

2. 〈보기〉와 같이 연습하세요.

보기 스테파니/숙제하다

가: 지금 스테파니 씨가 뭘 할까요? 나: 글쎄요, 아마 숙제할걸요.	가: ____________ ? 나: ____________ .

① 리우팅/농구하다

② 리에/영화를 보다

③ 마리오/샤워 중이다

④ 애니/학교에 오고 있다

⑤ ?

이야기해 보세요 1

리　　에 : 스테파니 씨, 내일 뭐 할 거예요?

스테파니 : 내일은 수업이 없으니까 리우팅 씨랑 같이 영화를 봐야겠어요.

리　　에 : 글쎄요, 리우팅 씨는 보나마나 시간이 없을 거예요.

스테파니 : 왜요? 요즘 많이 바빠요?

리　　에 : 다음 주에 농구 대회가 있어요. 아마 지금도 연습하고 있을걸요.

친구 이름	친구와 무엇을 하고 싶어요?	친구는 지금 뭘 할까요?
리우팅	영화를 보러 가야겠어요	연습할걸요

문법 4

[A/V-(으)ㄹ 뿐만 아니라, N뿐만 아니라]

수영은 재미있을 뿐만 아니라 건강에도 좋아요.

유학을 가면 열심히 공부해야 할 뿐만 아니라 친구도 많이 사귀어야 한다.

이 노래는 어른뿐만 아니라 아이도 좋아해요.

A/V-(으)ㄹ 뿐만 아니라	받침 O + 을 뿐만 아니라 받침 × + ㄹ 뿐만 아니라	짧다 → 짧을 뿐만 아니라 친절하다 → 친절할 뿐만 아니라
N뿐만 아니라	받침 O + 뿐만 아니라 받침 × + 뿐만 아니라	가방 → 가방뿐만 아니라 커피 → 커피뿐만 아니라

1. 쓰세요.

가다	갈 뿐만 아니라	갔을 뿐만 아니라
사과하다		
읽다		
푸짐하다		
가깝다		
성격	성격뿐만 아니라	
날씨		
동생		

2. 〈보기〉와 같이 연습하세요.

보기 신발이 편하다/값이 싸다

가: 신발이 편하지요?	가: ______________________?
나: 네, 편할 뿐만 아니라 값도 싸요.	나: ______________________.

① 여자 친구가 다정하다/배려심이 많다
② 오늘은 날씨가 춥다/바람이 불다
③ 이 치약은 미백 효과가 있다/충치를 예방하다
④ 강아지가 귀엽다/말을 잘 듣다
⑤ ?

3. 〈보기〉와 같이 연습하세요.

보기 저 가방이 마음에 들다/모양, 색깔

가: 저 가방이 마음에 들어요?	가: ______________________?
나: 모양뿐만 아니라 색깔도 마음에 들어요.	나: ______________________.

① 떡볶이를 자주 먹다/떡볶이, 순대
② 토마토는 어디에 좋다/다이어트, 건강
③ 건물 안에 사람이 많다/건물 안, 건물 밖
④ 지금 서울에 비가 오다/서울, 다른 도시
⑤ ?

[N일 뿐만 아니라]

그 사람은 배우일 뿐만 아니라 가수입니다.

오늘은 제 동생의 생일일 뿐만 아니라 저의 결혼기념일입니다.

이 반지는 값비싼 물건일 뿐만 아니라 세상에 하나밖에 없는 보물이에요.

N일 뿐만 아니라	받침 O + 일 뿐만 아니라	미인 → 미인일 뿐만 아니라
	받침 × + 일 뿐만 아니라	시계 → 시계일 뿐만 아니라

1. 쓰세요.

장남	장남일 뿐만 아니라	장남이었을 뿐만 아니라
수도		
최고		
스키장		

2. 〈보기〉와 같이 이야기 하세요.

보기 두 사람, 같은 반/룸메이트, 친하다

가: 두 사람이 같은 반 친구지요? 나: 같은 반 친구일 뿐만 아니라 룸메이트라서 친해요.	가: ______? 나: ______.

① 저 분, 영화 배우/교수님, 항상 바쁘다
② 이거, 여행 안내서/메모지도 있다, 여행 일기도 쓸 수 있다
③ 다음 주, 시험 기간/발표도 많다, 너무 힘들다
④ 여기, 기차역/바다 옆에 있다, 관광지로도 유명하다
⑤ ?

문법 5

[N(이)든지]

모르는 것이 있으면 언제든지 물어보세요.

제 친구는 무슨 음식이든지 잘 먹어요.

손님이 계시는 곳은 어디든지 달려갑니다.

받침 O + 이든지	무엇 → 무엇이든지
받침 × + 든지	언제 → 언제든지

1. 쓰세요.

누구	누구든지	얼마	
어디		어디에서	
무슨 요일		어떤 영화	

2. 〈보기〉와 같이 연습하세요.

보기 이거 쓰다

가: 이거 써도 돼요?	가: ____________ ?
나: 그럼요. 뭐든지 써도 돼요.	나: ____________ .

① 저녁에 전화하다
② 이 과자 한 개만 가져가다
③ 도서관에서 노트북을 사용하다
④ 외국 사람이 봉사 활동에 참가하다
⑤ ?

문법 6

[N답다]

가: 저는 수업이 끝나면 집에 가서 숙제부터 해요.
나: 정말 학생답네요!

가: 마리오 씨는 여동생을 항상 잘 도와줘요.
나: 역시 오빠다워요.

받침 O + 답다	어른 → 어른답다
받침 × + 답다	엄마 → 엄마답다

1. 쓰세요.

사람	사람답다	겨울	
선생님		우승 팀	
아이		개그맨	
친구		왕	
소녀		요리사	

2. 〈보기〉와 같이 연습하세요.

보기 리우팅/학생, 열심히 공부하다

가: 리우팅 씨가 어때요?	가: ______________________?
나: 학생답게 열심히 공부해요.	나: ______________________.

① 토린/남자, 씩씩하다
② 마리오/전문가, 아는 것이 많다
③ 크리스/아나운서, 발음이 정확하다
④ 스테파니/반장, 책임감이 강하다
⑤ ?

이야기해 보세요 2

스테파니 : 애니 씨, 궁금한 것이 있는데 물어봐도 돼요?
애　　니 : 네, 무엇이든지 물어보세요.
스테파니 : 학생 식당은 토요일에도 이용할 수 있어요?
애　　니 : 평일뿐만 아니라 주말에도 언제든지 이용할 수 있어요.
스테파니 : 그럼 다음 주에 친구가 오는데 일반인도 이용할 수 있어요?
애　　니 : 그럼요. 누구든지 이용할 수 있어요.
스테파니 : 역시, 애니 씨는 모범생답게 모르는 것이 없군요!

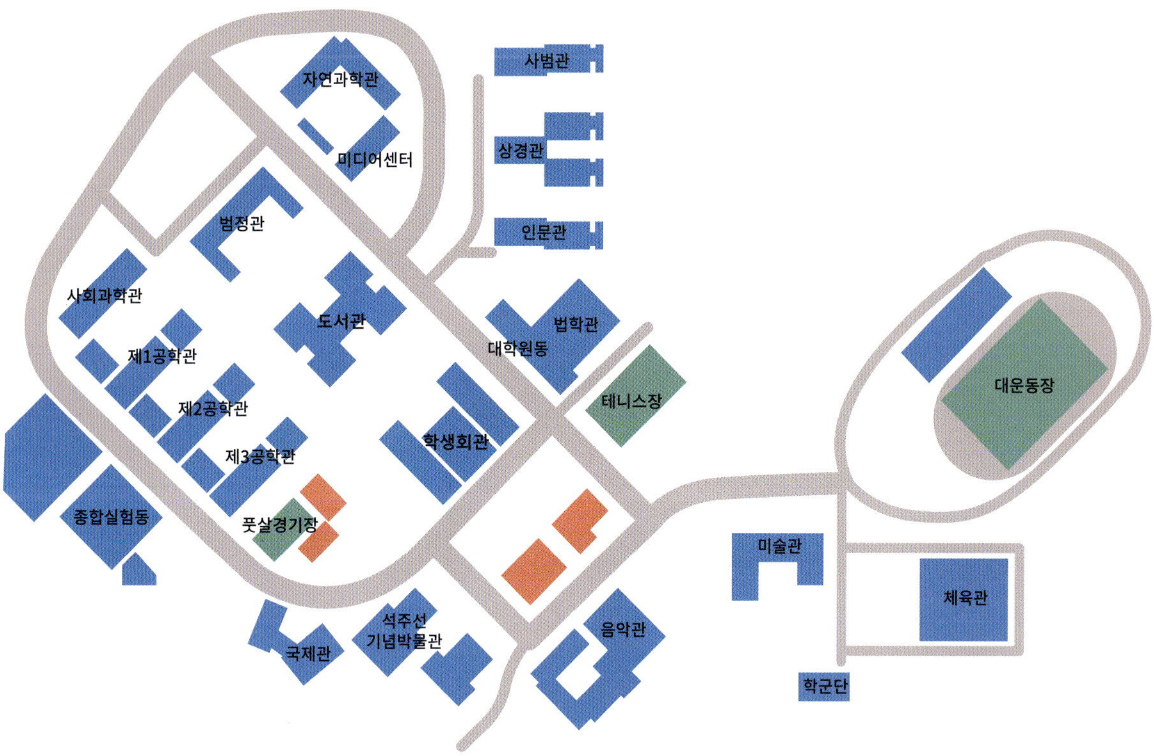

친구	궁금한 것	특징
애니	학생 식당 이용	언제든지, 누구든지 이용할 수 있다

tip 여러가지 직업과 장소를 가지고 역할극도 해 보세요.

본문

마 리 오 : 요즘 매일 한국 음식만 먹으니까 고향 음식이 먹고 싶어졌어요. 주말에는 고향 음식을 먹으러 가야겠어요.

스테파니 : 근처에 고향 음식을 파는 곳이 있어요?

마 리 오 : 아니요. 잘 모르지만 아마 이태원에 가면 있을걸요.

스테파니 : 이태원은 가기가 힘들 뿐만 아니라 다음 주에 시험도 있어요.

마 리 오 : 그래요? 그럼 어떻게 하지요?

스테파니 : 기숙사 1층에 있는 유학생 전용 조리실을 이용하면 어때요?

마 리 오 : 단국대학교에 유학생 전용 조리실이 있어요?

스테파니 : 그럼요. 지난달에 리모델링해서 깨끗할 뿐만 아니라 이용하기도 편리해요. 다른 학생들도 입을 모아 칭찬했어요.

마 리 오 : 누구든지 이용할 수 있어요?

스테파니 : 그럼요! 유학생이라면 언제든지 이용할 수 있어요.

마 리 오 : 아, 그렇군요! 하지만 저는 요리를 못해서 조리실은 있으나 마나예요.

스테파니 : 걱정하지 마세요. 제가 도와줄게요.

마 리 오 : 우아! 스테파니 씨가 멕시코 요리도 할 줄 알아요?

스테파니 : 물론이지요. 요리사 자격증도 있어요.

마 리 오 : 역시 스테파니 씨답네요!

1. 위의 내용과 같으면 ○, 다르면 × 하십시오.

① 마리오 씨는 고향에 다녀오려고 한다. (　　)
② 스테파니 씨는 멕시코 요리를 잘한다. (　　)
③ 기숙사 옆에 요리할 수 있는 곳이 있다. (　　)

2. 다음 주에는 무슨 일이 있습니까?

3. 마리오 씨가 걱정하는 것은 무엇입니까?

4. 여러분은 고향 음식이 먹고 싶을 때 어떻게 합니까?

듣기

1. 들은 내용과 같으면 ○, 다르면 × 하십시오.
   ① 이 방송은 학교에서 들을 수 있다. (　　)
   ② 스테파니 씨는 보통 학생회관에 있다. (　　)
   ③ 스터디룸은 학생들이 모여서 공부하는 곳이다. (　　)

2. 학생회관에는 무엇이 있습니까?

3. 사람들이 한 질문은 무엇입니까?

4. 여러분은 기억에 남는 방송이 있습니까?

읽기

cebook 리우팅 | 홈

Riuting

토요일 밤에 혼자 서울 시티투어를 했다.
시티투어 버스는 광화문에서 청계광장까지 운행했다.
버스비도 저렴할 뿐만 아니라 내렸다가 구경이 끝나면 다시 탈 수 있어서 정말 좋았다.
솔직히 옛날에는 밤에 버스를 타면 어두워서 구경하나 마나라고 생각했다.
그런데 버스 안에서 바라본 서울의 야경은 정말 아름다웠다.
서울의 여기저기를 볼 수 있는 멋진 하루였다.

좋아요 21개 · 댓글 9개 · 공유

스테파니: 우아! 나도 가 봐야겠다!
└→ 리우팅: 그래, 꼭 가 봐. 진짜 멋있어!

애니: 멋지다! 매표소에서 표를 사면 돼?
└→ 리우팅: 응, 아마 매표소에서도 표를 팔걸.
　└→ 애니: 너는 어디에서 샀는데?
　└→ 리우팅: 난 인터넷으로 예약했지.

리에: 리우팅, 정말 남자답다! 나도 가 보고 싶은데 혼자는 무서워서 못 가겠어.
└→ 리우팅: 그래? 그럼 나랑 같이 가자.
　└→ 리에: 우아! 그래, 좋아. 언제든지 연락 줘.

1. 위의 내용과 같으면 ○, 다르면 × 하십시오.
   ① 리우팅 씨는 친구들과 서울 여행을 했다. (　　)
   ② 리에 씨는 혼자 여행을 자주 간다. (　　)
   ③ 리우팅 씨는 버스 안에서 야경을 봤다. (　　)

2. 리우팅 씨는 어떻게 표를 샀습니까?

3. 시티투어 버스의 좋은 점은 무엇입니까?

4. 여러분은 리우팅 씨의 글에 어떤 댓글을 달고 싶습니까? 이야기해 보세요.

쓰기

1. 내가 아는 "알짜 한국 정보"는 뭐예요?

내가 아는 "알짜 한국 정보"
1. 한국에는 콜라를 리필해 주는 패스트푸드점이 있다.
2. 한국 비행기에서 밥을 먹을 때 고추장을 달라고 하면 준다.
3.
4.
5.

2. 내가 아는 알짜 정보를 SNS에 올려 보세요.

memo*

05

지갑을 살까 말까 고민 중이에요.

- 학습목표 : 다른 사람의 고민을 듣고 조언할 수 있다.
- 기　　능 : 조언하기, 추천하기
- 문　　법 : A/V-(으)ㄴ/는 데다가, N인 데다가 / V-(으)ㄹ까 말까 고민이다 / V-아/어 보니까 / V-기 위해(서)/위한, N을/를 위해(서)/위한 / A/V-거든요, N(이)거든요 / V-ㄴ/는다기보다는, A-다기보다는, N(이)라기보다는

스테파니 : 요즘 목걸이 카드 지갑을 살까 말까 고민 중이에요.

크 리 스 : 좋은 생각이에요. 저도 써 보니까 편리한 데다가 세련돼 보여서 좋았어요.

스테파니 : 맞아요. 버스를 탈 때마다 지갑을 꺼내는 게 불편했거든요.

크 리 스 : 바쁜 현대인들을 위한 필수품인 것 같아요.

어휘와 표현

〈 명사 〉

색

색상 color
하양 white
노랑 yellow
남색 navy
연두색 yellow green
금색 gold
검정 black
빨강 red
파랑 blue
녹색 green
주황색 orange
은색 silver

쇼핑

사이즈/크기 size
중고 second-hand
장점 advantage
조건 condition
치마바지 culottes; pantskirt
내역 breakdown
면접 interview
제품 product
필수품 necessity
쇼핑몰 shopping mall
단점 weakness
지팡이 (walking) stick
사이트 site
레시피 recipe
립스틱 lipstick
이불 blanket

직업/자격

시청자 viewer
현대인 contemporary man
출연자 actor
패션리더 fashion leader
자녀 sons and daughters
사용자 user
상담원 adviser; counselor

기타

신분증 identification card
감동적 moving
스쿼시 squash
느낌 feeling
비자 visa
화질 picture quality
미래 future

〈 동사 〉

쇼핑

구매하다 purchase
결제하다 pay
클릭하다 click
따지다 determine
배송하다 ship; deliver
포장하다 pack
실패하다 fail
마치다 finish

기타

입학하다 admission into a school
적다 write; take a note
고백하다 confess
꺼내다 pull out; take out
성공하다 success
짓다 make; build
투덜거리다 grumble
묶다 tie

〈형용사〉

쇼핑

선명하다 be clear
부드럽다 be soft
낡다 be old
황당하다 be absurd
촉촉하다 be moist
세련되다 be refined
상관없다 It doesn't matter
통통하다 be plump

〈 부사 〉

어쩐지 somehow
분명히 clearly
무조건 unconditionally
얼른 quickly
조금씩 little by little
새로 newly

〈 표현 〉

쇼핑

수분 크림 moisture cream
카드 지갑 card wallet
고객 서비스 센터 customer service center
홈쇼핑 home shopping
스마트워치 Smart Watch
아르바이트비 pay of part time job
OST Original Sound Track
DSLR 카메라 Digital Single Lens Reflex camera

기타

불우 이웃 unfortunate neighbors
땀이 나다 sweat
정이 많다 be warmhearted

N 벌, N 켤레, N씩

1	2	3	4	5
한 벌	두 벌	세 벌	네 벌	다섯 벌
6	7	8	?	여러
여섯 벌	일곱 벌	여덟 벌	몇 벌	여러 벌

1	2	3	4	5
한 켤레	두 켤레	세 켤레	네 켤레	다섯 켤레
6	7	8	?	여러
여섯 켤레	일곱 켤레	여덟 켤레	몇 켤레	여러 켤레

1개	2명	3병	4잔	5마리
한 개씩	두 명씩	세 병씩	네 잔씩	다섯 마리씩
6장	7그릇	?	하나	며칠
여섯 장씩	일곱 그릇씩	몇 N씩	하나씩	며칠씩

더 배워 봅시다.

■ 눈/귀를 의심하다 : 상상하지 못한 이야기를 보거나 듣고 놀라서 잘못 보거나 들은 것이 아닌지 생각한다

예) 마리오 : 리우팅 씨가 한국에서 유명한 댄스 가수가 되었어요.
크리스 : 뭐라고요? 그렇게 **조용한** 사람이 댄스 가수가 되었어요?
마리오 : 처음에 저도 제 **눈을 의심했**는데 TV에 나오는 것을 봤어요.

■ 모르는 게 약이다 : 알고 있는 것보다 모르는 것이 마음이 편하다

예) 마리오 : 리에 씨의 옛날 남자 친구가 어떤 사람이었는지 궁금해요.
크리스 : **모르는 게 약**이에요. 리에 씨와 데이트할 때마다 그 남자가 생각나서 괴로울 수도 있어요.

여러분도 이야기를 만들어 보세요.

문법 1

[A/V-(으)ㄴ/는 데다가, N인 데다가]

내일은 날씨가 추운 데다가 눈도 내린다고 합니다.
스테파니 씨는 한국어를 잘하는 데다가 중국어도 잘해요.
그 사람은 부자인 데다가 성격도 좋아서 인기가 많아요.

V-는 데다가	받침 O + 는 데다가 받침 × + 는 데다가	듣다 → 듣는 데다가 오다 → 오는 데다가
A-(으)ㄴ 데다가	받침 O + 은 데다가 받침 × + ㄴ 데다가	많다 → 많은 데다가 예쁘다 → 예쁜 데다가
N인 데다가	받침 O + 인 데다가 받침 × + 인 데다가	시험 → 시험인 데다가 발표 → 발표인 데다가

1. 쓰세요.

땀이 나다	땀이 나는 데다가	땀이 난 데다가
세일하다		
바람이 불다		
정이 많다		
부드럽다		
휴일		
배우		

2. 〈보기〉와 같이 연습하세요.

보기 저 옷/예쁘다, 가격이 저렴하다

가: 저 옷이 어때요?
나: 예쁜 데다가 가격도 저렴해요.

가: ______________________?
나: ______________________.

① 한국 드라마/재미있다, OST가 좋다
② 이 가방/색이 어둡다, 사이즈가 너무 크다
③ 리우팅/피아노를 잘 치다, 노래를 잘하다
④ 수분 크림/촉촉하다, 향기가 좋다
⑤ ?

문법 2

[V-(으)ㄹ까 말까 고민이다]

살이 쪄서 저녁을 먹을까 말까 고민이에요.

고백을 받았는데 사귈까 말까 고민하고 있어요.

새 휴대폰을 살까 말까 고민하다가 못 샀어요.

받침 O + 을까 말까 고민이다	뽑다 → 뽑을까 말까 고민이다
받침 × + ㄹ까 말까 고민이다	보다 → 볼까 말까 고민이다

1. 쓰세요.

만나다	만날까 말까 고민이다
주문하다	
사진을 찍다	
만들다	

2. 〈보기〉와 같이 연습하세요.

보기 단국대학교로 유학을 가다/유명한 학교이다

가: 단국대학교로 유학을 갈까 말까 고민이에요.

나: 유명한 학교니까 한번 가 보세요.

가: ______________________.

나: ______________________.

① 머리를 묶다/날씨가 덥다

② 그 사람한테 고백하다/좋은 사람이다

③ 휴대폰을 바꾸다/산 지 오래됐다

④ 스쿼시를 배우다/우리 학교에 스쿼시 수업이 있다

⑤ ?

문법 3

[V-아/어 보니까]

제가 화장실에 가 보니까 아무도 없었어요.

한국에서 살아 보니까 재미있는 일이 정말 많은 것 같아요.

치마바지를 입어 보니까 너무 편해서 다른 옷은 못 입겠어요.

ㅏ, ㅗ ○ + 아 보니까	앉다 → 앉아 보니까
ㅏ, ㅗ × + 어 보니까	읽다 → 읽어 보니까

1. 쓰세요.

오다	와 보니까	팔다	
신다		통화하다	
쓰다		묻다	

2. 〈보기〉와 같이 연습하세요.

보기 벚꽃 축제에 가다/벚꽃 잎이 눈처럼 내리다

가: 벚꽃 축제에 가 보니까 어때요?	가: ______________________________?
나: 벚꽃 잎이 눈처럼 내렸어요.	나: ______________________________.

① 그 소설을 읽다/슬프지만 감동적이다
② 리에 씨를 만나다/친절한 사람인 것 같다
③ 화장을 하다/어렵지만 예쁘다
④ 집을 떠나다/가족의 사랑을 느낄 수 있다
⑤ ?

이야기해 보세요 1

크 리 스 : 스테파니 씨, 지금 무슨 생각을 하고 있어요?

스테파니 : 방학에 제주도에 갈까 말까 고민 중이에요. 크리스 씨 생각은 어때요?

크 리 스 : 한번 가 보세요. 제주도는 아름다운 데다가 맛있는 음식도 아주 많아요.

스테파니 : 그래요? 크리스 씨 말을 들어 보니까 꼭 가야겠네요!

이름	고민하는 일	친구의 조언
스테파니	제주도에 갈까 말까 고민이다	아름답다, 맛있는 음식이 많다

문법 4

[V-기 위해(서)/위한, N을/를 위해(서)/위한]

건강하게 살기 위해서 운동을 시작했어요.
여러분은 성공하기 위해 얼마나 노력하고 있습니까?
저는 요즘 부모님을 위한 집을 짓고 있습니다.

V-기 위해(서)	받침 ○ + 기 위해(서) 받침 × + 기 위해(서)	돕다 → 돕기 위해(서) 부르다 → 부르기 위해(서)
V-기 위한	받침 ○ + 기 위한 받침 × + 기 위한	팔다, 쿠키 → 팔기 위한 쿠키 입학하다, 준비 → 입학하기 위한 준비
N을/를 위해(서)	받침 ○ + 을 위해(서) 받침 × + 를 위해(서)	건강 → 건강을 위해(서) 미래 → 미래를 위해(서)
N을/를 위한	받침 ○ + 을 위한 받침 × + 를 위한	부모님, 선물 → 부모님을 위한 선물 발표, 연습 → 발표를 위한 연습

1. 쓰세요.

면접을 보다	면접을 보기 위해서	면접을 보기 위한
장학금을 받다		
의사가 되다		
자녀		
유학		

2. 〈보기〉와 같이 연습하세요.

보기 요즘/여행을 가다, 돈을 모으다

가: 요즘 뭐 하고 있어요?
나: 여행을 가기 위해서 돈을 모으고 있어요.

가: ____________________?
나: ____________________.

① 요즘/취직하다, 면접을 준비하다
② 지금/케이크를 만들다, 레시피를 보다
③ 지금/동아리에 가입하다, 조건을 보다
④ 요즘/비자를 신청하다, 서류를 확인하다
⑤ ?

3. 〈보기〉와 같이 연습하세요.

보기 친구/커피를 사 오다

가: 친구를 위해 뭘 했어요?	가: ____________________?
나: 친구를 위해 커피를 사 왔어요.	나: ____________________.

① 건강/요가를 배우다
② 불우 이웃/안 입는 옷을 기증하다
③ 엄마/엄마 대신에 설거지하다
④ 가족/열심히 일하다
⑤ ?

4. 〈보기〉와 같이 연습하세요.

보기 주부, 요리책

가: 이게 뭐예요?	가: ____________________?
나: 주부를 위한 요리책이에요.	나: ____________________.

① 관광객, 지도
② 스마트워치 사용자, 사용 설명서
③ 공연 출연자, 의상
④ 할머니, 지팡이
⑤ ?

문법 5

[A/V-거든요, N(이)거든요]

가: 내일 리우팅 씨 집들이에 같이 갈래요?
나: 미안하지만 힘들 것 같아요. 요즘 일이 많거든요.

가: 두 사람이 친해 보여요.
나: 우리는 고등학교 때부터 친구거든요.

어제 DK마트에 갔거든요. 그런데 거기에서 선생님을 만났어요.

A/V-거든요	받침 O + 거든요 받침 × + 거든요	귀엽다 → 귀엽거든요 쓰다 → 쓰거든요
N(이)거든요	받침 O + 이거든요 받침 × + 거든요	휴일 → 휴일이거든요 취미 → 취미거든요

1. 쓰세요.

만나다	만나거든요	만났거든요
만들다		
운동하다		
없다		
싸다		
비밀		
티셔츠		

2. 〈보기〉와 같이 연습하세요.

보기 태권도를 배우다/건강에 좋다

가: 왜 태권도를 배워요?	가: ……………………………………?
나: 건강에 좋거든요.	나: …………………………………….

① 복도에 사람이 많다/쉬는 시간이다
② 공항에 가다/친구가 한국에 오다
③ 매운 음식을 먹다/스트레스를 받았다
④ 신분증을 꺼내다/입구에서 신분증을 확인하다
⑤ ?

문법 6

[V-ㄴ/는다기보다는, A-다기보다는, N(이)라기보다는]

어제 공포 영화를 봤는데 무섭다기보다는 지루했어요.
아침에 운동했다기보다는 가볍게 산책했어요.
다이어트를 할 때 무조건 굶는다기보다는 조금씩 자주 먹는 게 좋아요.

V-ㄴ/는다기보다는	받침 O + 는다기보다는 받침 × + ㄴ다기보다는	입다 → 입는다기보다는 가다 → 간다기보다는
A-다기보다는	받침 O + 다기보다는 받침 × + 다기보다는	많다 → 많다기보다는 바쁘다 → 바쁘다기보다는
N(이)라기보다는	받침 O + 이라기보다는 받침 × + 라기보다는	지갑 → 지갑이라기보다는 실패 → 실패라기보다는

1. 쓰세요.

읽다	읽는다기보다는	읽었다기보다는
걱정하다		
맵다		
똑똑하다		
물		
친구		

2. 〈보기〉와 같이 연습하세요.

보기 요즘 많이 바쁘다/피곤하다

가: 요즘 많이 바쁘지요? 나: 바쁘다기보다는 피곤해요.	가: .... ? 나: ....

① 김치를 안 먹다/매워서 못 먹다
② 태국은 날씨가 덥다/습도가 높다
③ 그 책이 재미없다/내용이 어렵다
④ 여자 친구가 보고 싶다/뭐 하는지 궁금하다
⑤ ?

이야기해 보세요 2

직　　원 : 어서 오세요. 뭘 드릴까요?

스테파니 : 빨간색 립스틱을 찾고 있어요.

직　　원 : 빨간색을 좋아하시나 봐요.

스테파니 : 빨간색을 좋아한다기보다는 요즘 유행하는 색이라서요.

직　　원 : 그럼 이 제품은 어떠세요? 색이 예쁜 데다가 촉촉해서 인기가 많거든요.

스테파니 : 좋아요. 그럼 이걸로 주세요. 친구를 위한 선물이니까 예쁘게 포장해 주세요.

이름	사고 싶은 것	제품의 장점	누구를 위한 선물
스테파니	빨간색 립스틱	색이 예쁘다, 촉촉하다	친구

본문

토린 : 인터넷으로 뭘 그렇게 열심히 보고 있어요?
애니 : 카메라요.
토린 : 이번에 받은 아르바이트비로 카메라를 사는 거예요?
애니 : 아니요. 산다기보다는 어떤 카메라들이 있는지 구경하는 거예요.
요즘 사진을 배우는데 좋은 카메라가 없거든요.
토린 : 휴대폰으로 찍으면 안 돼요?
애니 : 휴대폰으로 사진을 찍어 보니까 전문가들이 쓰는 카메라에 비해서 화질이 나빴어요. 그래서 DSLR 카메라를 살까 말까 고민하고 있어요.
토린 : DSLR 카메라요? 애니 씨한테 조금 크지 않아요?
애니 : 멋있는 작품 사진을 찍을 수 있다면 카메라가 커도 상관없어요.
토린 : 그렇군요! 그런데 왜 중고 사이트를 보고 있어요?
애니 : 요즘 새로 나온 카메라는 너무 비싸거든요.
토린 : 그럼, 제 카메라를 사는 게 어때요?
크기는 조금 크지만 색상이 선명한 데다가 사용 방법도 쉽거든요.
애니 : 정말요? 그럼 얼마에 팔 거예요?
토린 : 제가 1년 전에 30만 원을 주고 샀는데 10만 원만 주세요.
애니 : 고마워요. 그런데 무슨 색이에요?
토린 : 하얀색이에요.
애니 : 우아, 제가 사고 싶은 것도 하얀색이었어요.
토린 : 그래요? 정말 애니 씨를 위한 카메라 같네요!

1. 위의 내용과 같으면 ○, 다르면 × 하십시오.

① 애니 씨는 아르바이트비로 새 DSLR 카메라를 살 수 있다. (　　　)
② 애니 씨는 크기가 작으면 가격은 얼마든지 상관없다. (　　　)
③ 토린 씨는 카메라를 십만 원에 팔 것이다. (　　　)

2. 애니 씨는 왜 카메라를 사려고 합니까?

3. 토린 씨의 카메라의 장점은 무엇입니까?

4. 여러분이 사고 싶은 물건은 어떤 것입니까?

듣기

1. 들은 내용과 같으면 ○, 다르면 × 하십시오.
   ① 이것은 영화배우를 위한 것이다. (　　)
   ② 이것은 한 벌에 39,000원이다. (　　)
   ③ 이것은 인터넷으로 살 수 있다. (　　)

2. 제품의 색상은 무엇입니까?

3. 여자가 티셔츠를 입을 때 고민하는 이유는 무엇입니까?

4. 여러분은 텔레비전에서 홈쇼핑 방송을 본 적이 있습니까? 어떤 방송이었습니까?

읽기

지금은 인터넷 쇼핑을 많이 이용하지만 내가 대학생 때에는 인터넷 쇼핑이 거의 없었다. 어느 날, 침대가 낡아서 새로 살까 말까 고민하는데 친구들이 인터넷 쇼핑을 해 보라고 했다. 인터넷으로 물건을 사면 아주 싸게 살 수 있다는 것이었다. 그래서 나는 인터넷으로 침대를 사기로 결심하고 쇼핑몰에 들어갔다. 쇼핑을 하기 위해서는 회원 가입을 해야 했다. 어려울 것 같았는데 직접 해 보니까 별로 어렵지 않았다.

쇼핑몰에서 침대 그림을 클릭해 보니까 다양한 침대들이 나왔다. 다리가 아프게 돌아다니지 않아도 여러 제품을 볼 수 있어서 정말 좋았다.

나는 여러 침대들 중에서 한 침대를 골랐다. 그 침대는 편해 보이는 데다가 값이 저렴해서 마음에 들었다. 배송 받을 주소를 적고 신용카드로 결제를 마쳤는데 30분밖에 걸리지 않았다.

며칠 뒤, 나는 택배 아저씨께 택배를 받고 내 눈을 의심했다. 택배 상자의 크기가 생각보다 훨씬 작았기 때문이다. 나는 얼른 상자를 열어 보았다. 그런데 상자 안에는 예쁜 이불이 하나 들어 있었다.

나는 화가 난다기보다는 너무 황당해서 쇼핑몰 고객 서비스 센터에 전화했다.

"제가 침대를 샀는데 침대는 안 오고 이불만 왔거든요."

상담원이 대답했다.

"고객님이 사신 제품이 무엇인지 확인해 보세요. 제가 확인해 보니까 이불이 맞습니다."

"이상하다. 분명히 침대 사진이 있었는데……."

나는 투덜거리며 구매 내역을 확인하다가 깜짝 놀랐다. 인터넷에 나온 사진 속 침대 위에 내가 받은 이불이 있었기 때문이다.

"아이고, 침대가 아니고 침대 위에 있는 이불을 샀네! 어쩐지 너무 쌌어."

1. 위의 내용과 같으면 ○, 다르면 × 하십시오.

① 이 사람은 인터넷으로 침대를 사려고 했다. ( )

② 이 사람은 쇼핑을 하기 위해서 돌아다녔다. ( )

③ 이 사람은 쇼핑몰 회사에 찾아 가서 따졌다. ( )

2. 이 사람은 어떤 침대를 골랐습니까?

3. 이 사람은 왜 황당했습니까?

4. 여러분이 인터넷 쇼핑에서 주로 사는 물건은 무엇입니까?

쓰기

1. 인터넷 쇼핑의 장점과 단점은 무엇일까요?

장점	단점
1. 집에서 편리하게 물건을 볼 수 있다.	1. 물건을 사자마자 받을 수 없다.
2. 내가 원하는 시간에 물건을 살 수 있다.	2. 눈으로 직접 물건을 볼 수 없다.
3.	3.
4.	4.
5.	5.

2. 인터넷 쇼핑의 장점과 단점을 쓰고 인터넷 쇼핑을 잘하는 방법이 무엇인지 쓰세요.

06

좋아한다고 말할걸 그랬어요.

- 학습목표 : 후회하는 일에 대해 말할 수 있다.
- 기　　능 : 후회 표현하기, 이유 말하기
- 문　　법 : N(으)로부터 / A/V-(으)ㄴ/는/(으)ㄹ 줄 알았다/몰랐다, N인/일 줄 알았다/몰랐다 / V-(으)ㄹ걸 그랬다 / V-는 바람에 / V-고 말다 / V-다가는

리 우 팅 : 스테파니 씨, 왜 울고 있어요?

스테파니 : 제가 짝사랑하는 친구가 고향으로 돌아갔어요.

리 우 팅 : 좋아한다고 말했어요?

스테파니 : 아니요. 친구가 갑자기 떠나는 바람에 고백도 못 하고 말았어요.
친구가 떠나기 전에 좋아한다고 말할걸 그랬어요.

어휘와 표현

〈 명사 〉

자격

빈털터리 penniless person
성인 adult
일반적 general
외톨이 loner
이상형 ideal type
자신감 confidence

기타

목적지 one's destination
삶 life
폐암 lung cancer
대부분 most; the most of
결국 finally
소포 package
거짓말 lie
대사관 embassy
결과 result
잔소리 nitpicking
당장 right now

〈 동사 〉

인간 관계

오해하다 misunderstand
화내다 get angry
충고하다 advise; give advice
변명하다 excuse
짝사랑하다 unrequited love
참다 suppress
후회하다 regret
농담하다 joke
말다툼하다 argue; quarrel
화해하다 make up a quarrel with

사고

넘어지다 fall (down)
떨어지다 fall
젖다 get wet
토하다 throw up
쓰러지다 fall (down)
입원하다 check into a hospital
실수하다 mistake
날아가다 fly

기타

가져오다 bring
실행하다 practice
줄어들다 decrease
갈아입다 change one's clothes
늘어나다 increase
정리하다 clear up

〈형용사〉

감정

쓸쓸하다 be lonely
허전하다 fell empty
아쉽다 feel the lack of
불행하다 unhappy

기타

가능하다 possible
불가능하다 impossible
사소하다 be trivial
평범하다 be ordinary
소심하다 be timid

〈 부사 〉

멀리 far
전혀 totally not ~ at all
점점 gradually; increasingly
계속 continuously

〈 표현 〉

조사 기관 investigating organization
팬 미팅 fan meeting
배탈이 나다 have a stomachache

더 배워 봅시다.

■ 눈에서 멀어지면 마음에서도 멀어진다 : 아무리 친해도 자주 못 만나면 잊어버리게 된다

예) 리우팅 : 여자 친구가 다음 달에 한국으로 유학을 간다고 해요.
리　　에 : **눈에서 멀어지면 마음에서도 멀어진다**고 하는데 리우팅 씨도 같이 가세요.

■ 배가 아프다 : 남이 잘 되어서 질투가 난다

예) 스테파니 : 제가 이번에도 단어 시험에서 100점을 받았어요.
마 리 오 : **배가 아프**니까 그만 좀 자랑하세요.

여러분도 이야기를 만들어 보세요.

문법 1

[N(으)로부터]

친구로부터 전화가 왔어요.

부모님으로부터 소포를 받았어요.

학교로부터 합격 소식을 들었다.

받침 O + 으로부터	동생 → 동생으로부터
받침 × + 로부터	의사 → 의사로부터

1. 쓰세요.

아버지	아버지로부터	형	
선생님		삼촌	
회사		대사관	

2. 〈보기〉와 같이 연습하세요.

보기 친구, 이메일

가: 이게 뭐예요? 나: 친구로부터 이메일을 받았어요.	가: .... ? 나: ....

① 사무실, 연락
② 여자 친구, 문자 메시지
③ 출입국관리사무소, 비자
④ 고등학교 동창, 청첩장
⑤ ?

문법 2

[A/V-(으)ㄴ/는/(으)ㄹ 줄 알았다/몰랐다, N인/일 줄 알았다/몰랐다]

불고기가 이렇게 맛있을 줄 몰랐어요.

친구가 방학에 놀러 올 줄 알았는데 시간이 없어서 못 왔어요.

오늘 시험인 줄 몰랐어요. 어떡해요.

V-는 줄 알았다/몰랐다	받침 O + 는 줄 알았다/몰랐다 받침 × + 는 줄 알았다/몰랐다	찾다 → 찾는 줄 알았다/몰랐다 가다 → 가는 줄 알았다/몰랐다
A-(으)ㄴ 줄 알았다/몰랐다	받침 O + 은 줄 알았다/몰랐다 받침 × + ㄴ 줄 알았다/몰랐다	높다 → 높은 줄 알았다/몰랐다 아프다 → 아픈 줄 알았다/몰랐다
N인 줄 알았다/몰랐다	받침 O + 인 줄 알았다/몰랐다 받침 × + 인 줄 알았다/몰랐다	학생 → 학생인 줄 알았다/몰랐다 여자 → 여자인 줄 알았다/몰랐다

1. 쓰세요.

오다	온 줄 알았다/몰랐다	오는 줄 알았다/몰랐다	올 줄 알았다/몰랐다
만나다			
줍다			
예쁘다			
없다			
휴일			
친구			

2. 〈보기〉와 같이 연습하세요.

보기 단국대학교에 오다/기숙사가 불편하다/편하다

가: 처음 단국대학교에 왔을 때 어땠어요?	가: ____________________ ?
나: 기숙사가 불편할 줄 알았어요. 그런데 이렇게 편할 줄 몰랐어요.	나: ____________________ .

① 앞머리를 자르다/어울리다/안 어울리다
② 선생님을 보다/무섭다/재미있다
③ 태권도를 배우다/쉽다/어렵다
④ 강남에 가다/교통이 복잡하다/편리하다
⑤ ?

문법 3

[V-(으)ㄹ걸 그랬다]

아침에 일찍 일어날걸 그랬어요.

어릴 때 책을 많이 읽을걸 그랬어요.

남자 친구와 헤어지지 말걸 그랬어요.

V-(으)ㄹ걸 그랬다	받침 ○ + 을걸 그랬다 받침 × + ㄹ걸 그랬다	끊다 → 끊을걸 그랬다 자다 → 잘걸 그랬다

1. 쓰세요.

가다	갈걸 그랬다	가지 말걸 그랬다
열다		
타다		
가져오다		

2. 〈보기〉와 같이 연습하세요.

보기 이사 준비를 하다/미리 정리하다

가: 이사 준비를 했어요? 나: 아니요, 못 했어요. 미리 정리할걸 그랬어요.	가: ____________________? 나: ____________________.

① 영화표를 사다/미리 예매하다
② 지갑을 사다/백화점 세일 기간에 사다
③ 친구하고 화해하다/처음부터 싸우지 말다
④ 팬 미팅에서 사인을 받다/끝까지 기다려서 받다
⑤ ?

이야기해 보세요 1

토　린 : 리우팅 씨는 살면서 후회해 본 적이 있어요?

리우팅 : 술을 마시고 길에서 토한 적이 있어요.

토　린 : 왜 그렇게 많이 마셨어요?

리우팅 : 맥주 두 병에 그렇게 취할 줄 몰랐어요. 한 병만 마실걸 그랬어요.

친구 이름	어떤 일이 있었어요?	후회
리우팅	술을 마시고 길에서 토했다	한 병만 마실걸 그랬다

문법 4

[V-는 바람에]

휴대폰을 집에 두고 오는 바람에 전화를 못 받았어요.

사거리에서 영화를 찍는 바람에 늦었어요.

하루 종일 높은 구두를 신고 다니는 바람에 발이 아팠어요.

받침 O + 는 바람에	먹다 → 먹는 바람에
받침 × + 는 바람에	가다 → 가는 바람에

1. 쓰세요.

마시다	마시는 바람에	화내다	
웃다		결석하다	
놀다		싸우다	

2. 〈보기〉와 같이 연습하세요.

보기 다치다/넘어지다

가: 왜 다쳤어요?	가: ______________________?
나: 넘어지는 바람에 다쳤어요.	나: ______________________.

① 비행기를 못 타다/늦잠을 자다

② 화장을 지우다/약속이 취소되다

③ 비를 맞다/우산이 바람에 날아가다

④ 20층까지 걸어 올라가다/엘리베이터가 고장 나다

⑤ ?

문법 5

[V-고 말다]

하늘을 보면서 걷다가 넘어지고 말았어요.

감기가 심해져서 결국 병원에 입원하고 말았어요.

쇼핑을 많이 하면 용돈을 다 쓰고 말 거예요.

받침 O + 고 말다	죽다 → 죽고 말다
받침 × + 고 말다	잃어버리다 → 잃어버리고 말다

1. 쓰세요.

잔소리를 듣다	잔소리를 듣고 말다	맞다	
울다		실패하다	
쓰러지다		헤어지다	

2. 〈보기〉와 같이 연습하세요.

보기 늦잠을 자다, 지각하다/내일부터 일찍 오다

가: 늦잠을 자는 바람에 지각하고 말았어요.	가: ______________________.
나: 내일부터 일찍 오세요.	나: ______________________.

① 비가 오다, 옷이 다 젖다/어서 옷을 갈아입다
② 아이스크림을 많이 먹다, 배탈이 나다/배를 따뜻하게 하다
③ 휴대폰이 떨어지다, 고장이 나다/이따가 서비스 센터에 가다
④ 학교에 책을 두고 가다, 숙제를 못 하다/내일까지 해 오다
⑤ ?

문법 6

[V-다가는]

매일 쇼핑만 하다가는 빈털터리가 될 거예요.

친구와 매일 싸우다가는 사이가 멀어지고 말 거예요.

아픈데 병원에 안 가고 참다가는 큰일이 날 거예요.

받침 O + 다가는	떠들다 → 떠들다가는
받침 × + 다가는	마시다 → 마시다가는

1. 쓰세요.

듣다	듣다가는	울다	
바꾸다		믿다	
사다		운전하다	

2. 〈보기〉와 같이 연습하세요.

보기 리에 씨가 매일 게임하다/눈이 나빠지다

가: 리에 씨가 매일 게임해요.	가: .
나: 그렇게 게임하다가는 눈이 나빠질 거예요.	나: .

① 리우팅 씨가 30분마다 담배를 피우다/폐암에 걸리다

② 크리스 씨가 매일 춤만 추다/성적이 떨어지다

③ 마리오 씨가 거짓말을 하다/외톨이가 되다

④ 애니 씨가 얇은 옷만 입다/감기에 걸리다

⑤ ?

이야기해 보세요 2

리 우 팅 : 스테파니 씨는 지갑을 잃어버린 적이 있어요?

스테파니 : 아니요. 리우팅 씨는요?

리 우 팅 : 저는 있어요. 작년에 백화점에 갔다가 지갑을 잃어버리는 바람에 마음에 드는 옷을 못 사고 말았어요.

이름	경험	결과
리우팅	지갑을 잃어버렸다	마음에 드는 옷을 못 샀다

본문

최지영 : 마리오 씨, 여자 친구가 있지요?
마리오 : 아니요. 없어요.
최지영 : 그래요? 마리오 씨는 멋있어서 여자 친구가 있을 줄 알았어요.
마리오 : 저는 아직 여자 친구보다 한국어 공부가 더 좋아요.
최지영 : 정말이에요? 마리오 씨가 여자보다 공부를 좋아하는 줄 몰랐어요.
마리오 : 농담이에요. 사실은 지난주에 제 이상형을 만났어요.
최지영 : 어떤 사람인데요?
마리오 : 한국 사람인데 상냥할 뿐만 아니라 얼굴도 예쁜 사람이었어요.
최지영 : 어떻게 만났어요?
마리오 : 서울에서 하는 불꽃 축제에서 만났어요.
최지영 : 전화번호를 받았어요?
마리오 : 아니요. 갑자기 사람들이 나오는 바람에 연락처도 못 받고 말았어요.
최지영 : 같은 행사장에 있었는데 못 찾았어요?
마리오 : 저도 찾을 수 있을 줄 알았는데 너무 복잡해서 못 만났어요.
최지영 : 정말 아쉽겠어요.
마리오 : 지금도 자꾸 그 사람이 생각나서 마음이 쓸쓸해요. 그때 더 찾아볼걸 그랬어요.
최지영 : 계속 그 사람 생각만 하다가는 평생 혼자 살고 말 거예요. 제 친구를 한번 만나 볼래요?
마리오 : 지영 씨 친구요?
최지영 : 네. 친구로부터 연락이 왔는데 좋은 사람이 있으면 소개해 달라고 했어요.

1. 위의 내용과 같으면 ○, 다르면 × 하십시오.

① 마리오 씨는 얼마 전에 여자 친구가 생겼다. (　　　)
② 마리오 씨는 서울 축제에 다녀왔다. (　　　)
③ 마리오 씨는 이상형의 연락처를 알고 있다. (　　　)

2. 마리오 씨의 이상형은 어떤 사람입니까?

3. 마리오 씨가 이상형을 다시 만나지 못한 이유는 무엇입니까?

4. 여러분의 이상형은 어떤 사람입니까?

듣기

1. 들은 내용과 같으면 ○, 다르면 × 하십시오.

   ① 이 사람은 남자 친구와 멀리 떨어져 지냈다. (   )

   ② 이 사람은 대학교 3학년 때부터 남자 친구와 사귀었다. (   )

   ③ 남자 친구는 이 사람 대신에 다른 여자를 사귀었다. (   )

2. 이 사람의 고민은 무엇입니까?

3. 이 사람은 무엇을 오해했습니까?

4. 여러분은 이 사람에게 어떤 충고를 해 주고 싶습니까? 그 이유는 무엇입니까?

사람은 누구나 후회를 하면서 살아간다.

어느 조사 기관에서 성인 2,000명을 조사한 결과 75%가 전혀 후회하지 않는 삶을 사는 것은 불가능하다고 대답했다.

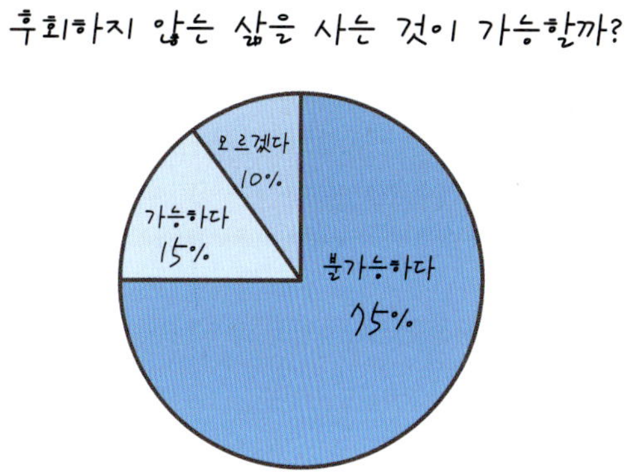

일반적으로 사람들은 보통 일주일에 45분, 하루에 6분 이상을 후회한다고 한다. 그런데 이 후회들은 '저녁에 조금만 먹을걸 그랬어.', '시험 기간에 놀지 말걸 그랬어.'처럼 사소한 일들이다. 그리고 이런 후회에는 꼭 변명이 함께 온다. 사람들은 스트레스를 받는 바람에 저녁을 많이 먹었다고 하거나 친구와 노는 바람에 시험 기간인줄 몰랐다고 말한다.

그렇지만 죽기 전에 하는 후회는 다르다. '좋은 대학교에 들어갈걸 그랬어.', '돈을 많이 벌걸 그랬어.'라고 후회하는 사람은 없다. '사랑하는 사람들에게 매일 사랑한다고 말할걸 그랬어.', '진짜 하고 싶은 일에 도전해 볼걸 그랬어.'처럼 평범하지만 실행하기 힘든 일이 대부분이다.

당신은 지금 어떤 후회를 하고 있는가?

더 이상 다이어트나 공부 때문에 후회하지 말자. 후회만 하다가는 불행해지고 말 것이다.

지금 당장 가족과 친구에게 사랑한다고 말해 보자. 가족과 친구로부터 받은 사랑은 우리의 삶에 큰 행복이 될 것이다.

마지막으로 진짜 하고 싶은 일이 무엇인지 써 보고 하나씩 실행해 보면 어떨까?

이렇게 하면 후회하는 시간은 조금씩 줄어들고 행복한 시간은 점점 늘어나게 될 것이다.

1. 위의 내용과 같으면 ○, 다르면 × 하십시오.

① 후회하지 않는 삶을 사는 것은 아주 어려운 일이다. (　　　)

② 사람들은 죽기 전에 다이어트나 공부 때문에 후회를 한다. (　　　)

③ 사람들은 후회를 하면서 변명도 같이 한다. (　　　)

2. 조사 기관에서 조사한 주제는 무엇입니까?

3. 보통 사람들이 후회하는 것은 어떤 것입니까?

4. 여러분이 후회하는 일은 무엇입니까?

쓰기

1. 후회를 하는 사람들과 하지 않는 사람들의 차이점은 무엇일까요?

후회를 한다	후회를 안 한다
1. 소심하다	1. 긍정적이다
2. 자신감이 없다	2. 실수가 많다
3.	3.
4.	4.
5.	5.

2. 후회를 하는 사람들과 하지 않는 사람들의 차이점을 쓰고 나는 어떤 사람인지 쓰세요.

07

깜짝 놀라서 넘어질 뻔했어요.

- 학습목표 : 주변에 보이는 것들에 대해 설명하고 자신의 감정을 표현할 수 있다
- 기 능 : 설명하기, 감정 표현하기
- 문 법 : N이/가 (N에게) V / V-아/어지다 / V-아/어 있다 / V-(으)ㄹ 뻔하다 / N은/는 물론이고 N도 A/V / A/V-(으)ㄴ/는 이상, N인 이상

크 리 스 : 스테파니 씨, 조리실 문이 열려 있어요.

스테파니 : 이렇게 늦은 밤에 누구일까요?

크 리 스 : 안에서 이상한 소리가 들려요. 스테파니 씨, 같이 가 볼까요?

스테파니 : 깜짝이야! 크리스 씨 때문에 깜짝 놀라서 넘어질 뻔했어요.

어휘와 표현

명사

옛날이야기

제목 title
선녀 Taoist fairy
사냥꾼 hunter
도둑 thief
연못 pond
날개옷 winged dress
교훈 lesson
줄거리 storyline
나무꾼 woodcutter
사슴 deer
소원 wish
바위 rock
사고 accident

기타

길거리 street
꽃병 vase
청바지 jeans
브로콜리 broccoli
나이 age
캐스팅 casting
디자인 design
스위치 switch
탁자 table
못 nail
장구 janggu (double-headed drum with a narrow waist in the middle)
문법 grammar
통장 bankbook

동사

놀이

놓치다 miss
막다 block up
빼앗다 rob; wrest
숨다 hide
장난치다 play a trick
쫓다 chase
흔들다 shake
밀다 push
떨어뜨리다 drop
밟다 step on
섞다 mix
안다 hug
업다 carry ~ on one's back
풀다 untie
간직하다 cherish
한턱내다 treat

사건

기절하다 faint
쏟다 spil
훔치다 steal
까다 peel
감다 coil
그치다 stop
물다 bite
찢다 tear
건드리다 touch
잠그다 lock
때리다 hit

형용사 감정

서운하다 feel hurt

다급하다 be urgent

기타

가난하다 be poor

간단하다 be simple

어떠하다 be how

부사

가장 most

몰래 secretly

저절로 by itself

정말로 really

재빨리 quickly

가만히 still

훌쩍훌쩍 sniff-sniff

훨훨 flap flap

표현

배터리 battery

입을 열다 open one's mouth

더 배워 봅시다.

- 눈앞이 캄캄하다 : 어떻게 해야 할지 아무 생각도 나지 않는다

  예) 마리오 : 내일까지 이 일을 모두 해야 해요.

  리우팅 : 이 많은 일을 어떻게 다 해요. **눈앞이 캄캄하**네요!

- 시치미(를) 떼다 : 알면서 모르는 척한다

  예) 토린 : 여기에 있던 주스를 못 봤어요?

  리에 : 무슨 주스요? 난 본 적이 없는데요.

  토린 : 에이, **시치미 떼**지 말고 빨리 주세요.

여러분도 이야기를 만들어 보세요.

문법 1

[N이/가 (N에게) V]

도둑이 경찰에게 잡혔어요.

동생이 오빠에게 과자를 빼앗겼어요.

바람이 부니까 저절로 문이 닫히고 있어요.

-이-		-히-	
쌓다	쌓이다	닫다	닫히다
놓다	놓이다	막다	막히다
쓰다	쓰이다	밟다	밟히다
섞다	섞이다	꽂다	꽂히다
♡ 바꾸다	바뀌다	먹다	먹히다
♡ 모으다	모이다	업다	업히다
♡ 잠그다	잠기다	읽다	읽히다
-리-		**-기-**	
물다	물리다	쫓다	쫓기다
열다	열리다	끊다	끊기다
풀다	풀리다	빼앗다	빼앗기다
흔들다	흔들리다	안다	안기다
팔다	팔리다	찢다	찢기다
밀다	밀리다	담다	담기다
♡ 듣다	들리다	감다	감기다

1. 〈보기〉와 같이 연습하세요.

보기 고양이가 쥐를 쫓아요. → 쥐가 고양이에게 쫓겨요.

① 단추를 풀었어요. →

② 머리 모양을 바꿨어요. →

③ 통장에 돈을 모았어요. →

④ 엄마가 아기를 안아요. →

⑤ 언니가 동생을 업었어요. →

⑥ ?

문법 2

[V-아/어지다]

비가 안 와서 땅이 갈라졌어요.

컴퓨터가 고장이 나는 바람에 꺼졌어요.

고향에 다녀올 생각을 하니까 방학이 기다려져요.

ㅏ, ㅗ ○ + 아지다 ㅏ, ㅗ × + 어지다	까다 → 까지다 만들다 → 만들어지다

1. 쓰세요.

켜다	켜지다	지키다	
넘다		믿다	
지우다		정하다	

2. 〈보기〉와 같이 연습하세요.

보기 커피, 쏟다/친구가 손으로 치다

가: 왜 커피를 쏟았어요? 나: 친구가 손으로 쳐서 쏟아졌어요.	가: ____________________? 나: ____________________.

① 전화, 끊다/배터리가 없다
② 불, 끄다/스위치를 잘못 누르다
③ 청바지, 찢다/못에 걸리다
④ 컵, 깨다/설거지하다가 떨어뜨리다
⑤ ?

문법 3

[V-아/어 있다]

가방 안에 책이 들어 있어요.

밤에 눈이 내려서 쌓여 있어요.

바닥에 동전이 떨어져 있어요.

ㅏ, ㅗ O + 아 있다	앉다 → 앉아 있다
ㅏ, ㅗ × + 어 있다	서다 → 서 있다

1. 쓰세요.

모이다	모여 있다	붙다	
살다		불이 꺼지다	
꽃이 피다		문이 닫히다	

2. 〈보기〉와 같이 연습하세요.

보기 크리스 씨/문 뒤, 숨다

가: 크리스 씨가 어디에 있어요? 나: 크리스 씨는 문 뒤에 숨어 있어요.	가: .... ? 나: ....

① 꽃병/탁자 위에 놓이다
② 거울/벽에 걸리다
③ 동생/침대에 눕다
④ 강아지/리에 씨에게 안기다
⑤ ?

이야기해 보세요 1

스테파니 : 창문이 열려 있어요?
리 우 팅 : 네. 창문이 열려 있어요.

친구 이름	물건	어때요?
리우팅	창문	열려 있다

문법 4

[V-(으)ㄹ 뻔하다]

남자 친구와 싸워서 헤어질 뻔했어요.

게임을 하면서 걸어가다가 사고가 날 뻔했어요.

길거리 캐스팅이 돼서 영화를 찍을 뻔했어요.

받침 O + 을 뻔하다	죽다 → 죽을 뻔하다
받침 × + ㄹ 뻔하다	놓치다 → 놓칠 뻔하다

1. 쓰세요.

다치다	다칠 뻔하다	실수하다	
쏟다		떨어지다	
웃다		건드리다	

2. 〈보기〉와 같이 연습하세요.

보기 공포 영화를 보다/무섭다, 기절하다

가: 공포 영화를 봤을 때 어땠어요?	가: ________________ ?
나: 무서워서 기절할 뻔했어요.	나: ________________ .

① 친구가 장난을 치다/화가 나다, 때리다
② 장구를 처음 배우다/어렵다, 포기하다
③ 설악산에 가다/올라가기 힘들다, 쓰러지다
④ 공항에서 부모님과 헤어지다/슬프다, 울다
⑤ ?

문법 5

[N은/는 물론이고 N도 A/V]

리우팅 씨는 한국어는 물론이고 영어도 잘해요.

남자들은 물론이고 여자들도 그 가수를 좋아해요.

이 가방은 가격이 싼 것은 물론이고 디자인도 세련됐어요.

받침 O + 은 물론이고 N도 A/V	얼굴, 손, 예쁘다 → 얼굴은 물론이고 손도 예쁘다
받침 × + 는 물론이고 N도 A/V	주스, 물, 못 마시다 → 주스는 물론이고 물도 못 마시다

1. 쓰세요.

가방이 비싸다, 지갑이 비싸다	가방은 물론이고 지갑도 비싸다
파마를 하다, 염색을 하다	
콜라를 마시다, 팝콘을 먹다	
노래를 잘하다, 춤을 잘 추다	
키가 크다, 성격이 좋다	

2. 〈보기〉와 같이 연습하세요.

보기 그 식당/음식이 맛있다, 서비스가 좋다

가: 그 식당이 어때요? 나: 맛은 물론이고 서비스도 좋아요.	가: ______________________ ? 나: ______________________ .

① 스테파니 씨/운동을 잘하다, 공부를 열심히 하다

② 브로콜리/건강에 좋다, 피부에 좋다

③ 날씨/서울에 비가 오다, 제주도에 비가 오다

④ 이 이야기/재미가 있다, 교훈이 있다

⑤ ?

문법 6

[A/V-(으)ㄴ/는 이상, N인 이상]

눈이 그치지 않는 이상 산에 올라갈 수 없습니다.
밤마다 라면을 먹는 이상 살을 빼기는 틀렸어요.
학생인 이상 열심히 공부해야 해요.

V-는 이상	받침 O+는 이상 받침 ×+는 이상	녹다 → 녹는 이상 가다 → 가는 이상
A-(으)ㄴ 이상	받침 O+은 이상 받침 ×+ㄴ 이상	좋다 → 좋은 이상 비싸다 → 비싼 이상
N인 이상	받침 O+인 이상 받침 ×+인 이상	휴일 → 휴일인 이상 여자 → 여자인 이상

1. 쓰세요.

읽다	읽는 이상	읽은 이상
만들다		
계획하다		
낡다		
불편하다		
회원		
휴가		

2. 〈보기〉와 같이 연습하세요.

보기 여행을 가다, 몸이 아프다

가: 여행을 가고 싶어요. 나: 몸이 아픈 이상 여행을 가면 안 되지요.	가: ______________. 나: ______________.

① 파마를 하다, 비가 오다
② 술을 마시다, 나이가 어리다
③ 새 휴대폰을 사다, 용돈이 부족하다
④ 노래를 부르다, 수업 시간
⑤ ?

이야기해 보세요 2

스테파니 : 살면서 큰일날 뻔한 일이 있어요?

리 우 팅 : 네. 다섯 살 때 바다에 갔다가 물에 빠져서 죽을 뻔했어요.

스테파니 : 어머! 큰일날 뻔했군요!

리 우 팅 : 그때부터 바다는 물론이고 수영장도 안 가요.

친구 이름	생길 뻔한 일	어떻게 되었어요?
리우팅	물에 빠져서 죽을 뻔했다	바다는 물론이고 수영장도 안 간다

본문

리 우 팅 : 스테파니 씨는 살면서 가장 기억에 남는 생일이 언제예요?
스테파니 : 스무 번째 생일이 제일 기억에 남아요.
리 우 팅 : 어땠는데요?
스테파니 : 학교 앞에 있는 식당에서 생일 파티를 하기로 했어요.
그런데 제가 도착했을 때 친구들은 물론이고 선생님도 보이지 않았어요.
리 우 팅 : 정말 눈앞이 캄캄했을 것 같아요.
스테파니 : 맞아요. 혼자서 기다리는데 얼마나 서운한지 울 뻔했어요.
리 우 팅 : 그래서 어떻게 됐어요? 혼자 집으로 돌아갔어요?
스테파니 : 아니요. 집에 갈까 말까 고민하면서 앉아 있는데 갑자기 불이 꺼졌어요.
그리고 문이 열리면서 선생님과 친구들이 케이크를 들고 들어 왔어요.
리 우 팅 : 깜짝 파티였군요!
스테파니 : 맞아요. 깜짝 놀라서 기절할 뻔했어요. 그리고 선물도 많이 받았어요.
리 우 팅 : 무슨 선물을 받았는데요?
스테파니 : 예쁜 필통은 물론이고 귀여운 머리띠랑 동전 지갑도 받았어요.
그리고 편지도 많이 받았어요.
리 우 팅 : 편지들을 지금도 가지고 있어요?
스테파니 : 당연하지요. 세상이 끝나지 않는 이상 평생 간직할 거예요.

1. 위의 내용과 같으면 ○, 다르면 × 하십시오.

① 스테파니 씨는 혼자서 생일 파티를 했다. ( )
② 스테파니 씨는 깜짝 파티를 하고 싶었다. ( )
③ 스테파니 씨는 편지들을 아직도 가지고 있다. ( )

2. 스테파니 씨는 어디에서 생일 파티를 했습니까?

3. 스테파니가 생일 파티 장소에 도착했을 때 어떤 일이 있었습니까?

4. 여러분은 언제 가장 기뻤습니까?

듣기

1. 들은 내용과 같으면 ○, 다르면 × 하십시오.

① 마리오 씨는 지금 리에 씨와 같이 있다. ( )

② 스테파니 씨는 교실에서 공부하고 있다. ( )

③ 수업이 끝난 후에 교실은 문이 잠겨 있었다. ( )

2. 마리오 씨가 찾고 있는 것은 무엇입니까?

3. 마리오 씨의 물건은 어디에 있었습니까?

4. 여러분도 물건을 잃어버린 적이 있습니까? 어떻게 찾았습니까?

읽기

옛날 옛날에 가난한 나무꾼이 살았어요. 어느 날 나무꾼이 산에서 일하고 있을 때 사슴 한 마리가 뛰어와서 말했어요.

"나무꾼님! 저 좀 도와주세요. 지금 사냥꾼에게 쫓기고 있어요. 만약에 잡히면 저는 죽고 말 거예요"

나무꾼은 사슴에게 쌓여 있는 나무 뒤에 숨으라고 했어요. 잠시 후에 사냥꾼이 나타났어요.

"혹시 사슴이 이쪽으로 오지 않았습니까?"

나무꾼은 시치미를 떼며 말했어요. "내가 일하는 동안 아무도 안 지나갔습니다."

사냥꾼이 돌아가고 나서 사슴이 나무꾼에게 말했어요.

"휴, 정말 죽을 뻔했어요. 도와주셔서 감사합니다. 소원을 말씀해 주시면 들어 드릴게요."

나무꾼이 결혼하고 싶다고 말하니까 사슴이 입을 열었어요.

"좋은 방법이 있어요. 오늘 밤에 산 속 연못으로 가면 선녀들이 목욕을 하고 있을 거예요. 그때 나무에 걸려 있는 선녀들의 날개옷 중에서 한 벌을 숨기세요. 날개옷이 없는 이상 하늘로 올라갈 수 없거든요."

밤이 되고 나무꾼은 연못으로 가서 바위 뒤에 몰래 숨었어요. 잠시 후에 정말로 선녀들이 하늘에서 내려와 목욕했어요.

나무꾼은 날개옷을 훔쳤어요. 목욕이 끝난 선녀들이 날개옷을 입고 하늘로 올라가기 시작했어요. 그렇지만 날개옷을 빼앗긴 선녀는 하늘로 올라갈 수 없어서 훌쩍훌쩍 울고 있었어요. 나무꾼은 그 선녀에게 다가가서 말했어요.

"제가 당신을 도와줄게요. 저와 우리집으로 갑시다."

선녀와 나무꾼은 결혼을 했고 귀여운 아기를 둘이나 낳았어요. 그렇지만 선녀는 매일 울었어요.

부모님은 물론이고 친구들도 다 하늘에 있었기 때문이에요.

어느 날 선녀가 말했어요.

"여보, 제 날개옷이 보고 싶어요."

나무꾼은 생각했어요.

'아기가 둘이나 있으니까 하늘로 날아가지 않겠지.'

나무꾼은 선녀에게 날개옷을 꺼내서 보여 주었어요. 날개옷을 본 선녀는 재빨리 빼앗아서 입었어요. 그리고 양쪽 팔에 아기를 안고 하늘로 훨훨 날아가고 말았어요.

1. 위의 내용과 같으면 ○, 다르면 × 하십시오.

① 사슴은 사냥꾼에게 쫓기고 있었다. ( )

② 나무꾼은 사슴을 도와주지 않았다. ( )

③ 나무꾼은 선녀와 함께 하늘로 올라갔다. ( )

2. 나무꾼의 소원은 무엇이었습니까?

3. 선녀는 어떻게 하늘로 올라갈 수 있었습니까?

4. 여러분이 나무꾼이라면 선녀가 하늘로 올라간 뒤에 어떻게 하겠습니까?

쓰기

1. 여러분의 나라에도 재미있는 옛날이야기가 있어요?

나라 이름	
이야기 제목	
나오는 사람	
간단한 줄거리	

2. 여러분 나라의 옛날이야기를 써 보세요.

옛날 옛날에

08

밥을 많이 먹었더니 배가 불러요.

- 학습목표 : 회상의 표현을 익혀서 과거의 추억을 이야기할 수 있다
- 기　　능 : 회상하기, 반박하기
- 문　　법 : N까지 / A/V-더니, N(이)더니 / V-았/었더니 / A-아/어하다 / A/V-다니요, N(이)라니요 / V-게

스테파니 : 리에야, 커피만 마시지 말고 케이크도 먹을까?

리　　에 : 조금 전까지 배가 부르다고 하더니 또 먹어?

스테파니 : 스트레스가 풀리게 케이크를 먹자.

리　　에 : 안 돼. 케이크까지 먹으면 살이 더 찔 거야.

어휘와 표현

〈명사〉

건강

모기 mosquito
모기약 mosquitocide
불면증 insomnia
소화제 digestive
체력 physical strength
열대야 tropical night
눈물 tear

기타

비상금 nest egg
실력 ability
정장 suit
천재 genius
가계부 housekeeping
바퀴벌레 cockroach
선풍기 electric fan
최근 recent
초등학생 elementary school student
선글라스 sunglasses

〈동사〉

인간 관계

실망하다 get disappointed
연애하다 date
주고받다 exchange
교환하다 exchange

기타

퇴원하다 leave the hospital
밤새우다 sit(stay) up all night
비키다 step aside; move
하품하다 yawn
굶다 skip a meal

〈형용사〉

감정

상쾌하다 be fresh
신기하다 be marvelous
귀찮다 be annoyed; be bothered

성격

게으르다 be lazy
겸손하다 be modest
성실하다 be sincere

기타

유창하다 be fluent
대단하다 be great

〈 부사 〉 급히 hurriedly

〈 표현 〉 건강

안부를 전하다 (give) send one's regard

기운이 없다 feel low

기타

노래 자랑 대회 singing contest

군대에 가다 join the army

더 배워 봅시다.

■ 해가 서쪽에서 뜨다 : 예상하지 못한 일이 생겨서 놀랍다

예) 어머니 : 크리스야, 아침이야! 일어나!

크리스 : 엄마, 저 일어났어요. 그리고 아까 운동도 하고 왔어요.

어머니 : 정말이야? 아이고, **해가 서쪽에서 뜨**겠네.

■ 호랑이도 제 말하면 온다 : 어떤 사람의 이야기하면 그 사람이 나타난다

예) 크리스 : 리에 씨는 왜 안 와요?

애　니 : **호랑이도 제 말하면 온다**더니 저기 오네요!

리　에 : 늦어서 미안해요.

여러분도 이야기를 만들어 보세요.

문법 1

[N까지]

리에 씨는 얼굴이 예쁜데 성격까지 좋아요.
노래를 잘 불러서 노래 자랑 대회까지 나갔어요.
날씨가 추운데 비까지 와서 감기에 걸렸어요.

받침 O + 까지	가방 → 가방까지
받침 × + 까지	버스 → 버스까지

1. 쓰세요.

커피	커피까지	가격	
눈		체력	
어머니		소화제	

2. 〈보기〉와 같이 연습하세요.

보기 음식이 많이 남다/옆방 친구를 부르다

가: 음식이 많이 남았어요?	가: ....?
나: 네, 그래서 옆방 친구까지 불렀어요.	나: ....

① 영화가 슬프다/눈물을 흘리다
② 두통이 심하다/병원에 다녀오다
③ 어제 날씨가 좋다/기분이 상쾌하다
④ 사고 싶은 것이 많다/비상금을 사용하다
⑤ ?

문법 2

[A/V-더니, N(이)더니]

친구가 운동을 하더니 건강해졌어요.

어제는 백화점에 사람이 많더니 오늘은 별로 없어요.

옛날에는 머리가 자주 아프더니 최근에는 괜찮아졌어요.

A/V-더니	받침 ○+ 더니 받침 ×+ 더니	잡다 → 잡더니 예쁘다 → 예쁘더니
N(이)더니	받침 ○+ 이더니 받침 ×+ 더니	학생 → 학생이더니 아기 → 아기더니

1. 쓰세요.

가다	가더니	담배를 끊다	
연애하다		씻다	
게으르다		덥다	
겸손하다		귀엽다	
아이		정장	

2. 〈보기〉와 같이 연습하세요.

보기 아기가 울다/호랑이를 보다

가: 왜 아기가 울어요?
나: 호랑이를 보더니 울어요.

가: ______________________?
나: ______________________.

① 동생이 한국 배우를 좋아하다/한국 드라마를 매일 보다
② 리우팅 씨가 물을 마시다/매운 음식을 먹다
③ 최지영 씨가 까매졌다/하와이에 여행을 다녀오다
④ 리에 씨가 졸다/어제 새벽 2시까지 공부를 하다
⑤ ?

3. 〈보기〉와 같이 연습하세요.

보기 어제는 추웠는데 오늘은 따뜻하다

가: 오늘 날씨가 어때요?	가: .... ?
나: 어제는 춥더니 오늘은 따뜻해졌어요.	나: ....

① 지난 달에는 사과가 쌌는데 이번 달에는 비싸다
② 리우팅 씨가 초등학생 때는 귀여웠는데 지금은 멋있다
③ 리에 씨가 처음에는 한국말로 인사도 못했는데 지금은 유창하다
④ 아침에는 우울했는데 지금은 기분이 좋다
⑤ ?

문법 3

[V-았/었더니]

음식을 많이 먹었더니 배가 불러요.

어제 밤을 새웠더니 너무 피곤해요.

제가 친구에게 전화했더니 수업 중이었어요.

ㅏ, ㅗ O + 았더니	자다 → 잤더니
ㅏ, ㅗ × + 었더니	쉬다 → 쉬었더니

1. 쓰세요.

가다	갔더니	굶다	
듣다		놀다	
기대하다		교환하다	

2. 〈보기〉와 같이 연습하세요.

보기 집에 가다/교실에 가다, 아무도 없다

가: 왜 집에 가요?	가: ____________________?
나: 교실에 갔더니 아무도 없어서 그래요.	나: ____________________.

① 웃다/여자 친구를 만나다, 기분이 좋다

② 선풍기를 켜다/농구를 하다, 덥다

③ 손을 씻다/쓰레기를 버리다, 손이 더러워지다

④ 선글라스를 쓰다/밖에 나오다, 햇볕이 강하다

⑤ ?

이야기해 보세요 1

리 우 팅 : 스테파니 씨, 옛날에는 조금 통통하더니 날씬해진 것 같아요.

스테파니 : 고마워요. 요즘 열심히 운동했더니 살이 많이 빠졌어요.
리우팅 씨도 한국어가 유창해진 것 같아요.

리 우 팅 : 고마워요. 요즘 한국 드라마를 자주 봤더니 한국어 실력이 늘었어요.

친구 이름	옛날	지금	바뀐 이유
스테파니	통통하다	날씬하다	열심히 운동했다

문법 4

[A-아/어하다]

제 동생은 바퀴벌레를 무서워해요.

그 선물을 받으면 행복해할 거예요.

리우팅 씨가 왜 저렇게 즐거워해요?

ㅏ, ㅗ O + 아하다 ㅏ, ㅗ × + 어하다	귀찮다 → 귀찮아하다 예쁘다 → 예뻐하다

1. 쓰세요.

슬프다	슬퍼하다	재미있다	
신기하다		기쁘다	
부럽다		좋다	

2. 〈보기〉와 같이 연습하세요.

보기 병원에 급히 가다/친구, 아프다

가: 왜 병원에 급히 갔어요? 나: 친구가 아파해서 병원에 갔어요.	가: ______________ ? 나: ______________ .

① 창문을 열다/친구, 답답하다
② 놀이 공원에 안 가다/여자 친구, 싫다
③ 강아지를 키우다/동생, 외롭다
④ 집에 일찍 오다/부모님, 피곤하다
⑤ ?

문법 5

[A/V-다니요, N(이)라니요]

가: 마리오 씨와 잘 사귀고 있지요?
나: 마리오 씨와 사귀다니요. 우리는 그냥 친구예요.

가: 제 남자 친구는 작년에 군대에 갔어요.
나: 군대에 갔다니요. 회사원이 아니었어요?

가: 사진을 정말 잘 찍었네요!
나: 사진이라니요. 그림이에요.

A/V-다니요	받침 O+ 다니요 받침 ×+ 다니요	듣다 → 듣다니요 실망하다 → 실망하다니요
N(이)라니요	받침 O+ 이라니요 받침 ×+ 라니요	쉬는 날 → 쉬는 날이라니요 가수 → 가수라니요

1. 쓰세요.

사다	사다니요	샀다니요
끝나다		
찾다		
성실하다		
기운이 없다		
천재		
불면증		

2. 〈보기〉와 같이 연습하세요.

보기 스테파니 씨, 결혼하다/남자 친구도 없다

가: 스테파니 씨가 결혼을 한다고 들었어요. 나: 결혼하다니요. 남자 친구도 없는데…….	가: ______________. 나: ______________.

① 리에 씨, 모델이다/사진 찍는 것도 싫어하다
② 크리스 씨, 내일 못 오다/교문에서 만나기로 약속했다
③ 리우팅 씨, 아프다/춤 연습하는 것을 봤다
④ 마리오 씨, 새우를 좋아하다/알레르기가 있다
⑤ ?

문법 6

[V-게]

영화 좀 보게 비켜 주세요.

케이크를 만들게 밀가루를 사 왔어요.

어제 밤을 새웠어요. 푹 자게 깨우지 마세요.

받침 O+ 게	신다 → 신게
받침 ×+ 게	만나다 → 만나게

1. 쓰세요.

사다	사게	앉다	
찾다		주다	
읽다		샤워하다	

2. 〈보기〉와 같이 연습하세요.

보기 여행 계획을 세우다/여행 책을 사 오다

가: 여행 계획을 세우게 도와줄래요?	가: ____________________?
나: 그럼 제가 여행 책을 사 올게요.	나: ____________________.

① 포도를 먹다/씻어 오다
② 노래를 잘하다/피아노를 쳐 주다
③ 부자가 되다/가계부 쓰는 법을 알려주다
④ 건강해지다/건강 주스를 만들어 주다
⑤ ?

이야기해 보세요 2

크 리 스 : 마리오 씨가 또 일등을 했어요.

스테파니 : 마리오 씨는 머리가 좋아서 공부는 안 하는데 시험은 잘 보는 것 같아요.

크 리 스 : 공부를 안 하다니요. 기숙사에서 밤마다 공부해요.

스테파니 : 대단해요. 일등을 하는 이유가 있었네요!

친구 이름	나의 생각	알게 된 일
마리오	마리오 씨는 머리가 좋다	기숙사에서 밤마다 공부하다

본문

최지영 : 마리오 씨, 요즘 밤에 잘 자요?

마리오 : 그럼요. 저는 10시만 되면 눈이 감겨요.

최지영 : 좋겠다! 저는 요즘 밤에 잘 못 자요.

마리오 : 수업 시간에 계속 하품을 하더니 그래서 그랬군요!

최지영 : 네. 피곤해 죽겠어요.

마리오 : 혹시 열대야 때문에 잠을 못 자는 것이 아닐까요?

최지영 : 그런 것 같아요. 지난주에는 너무 심하게 더워서 한강 공원까지 갔어요.

마리오 : 한강 공원은 시원했어요?

최지영 : 네. 바람이 불어서 시원했어요. 그런데 모기가 많아서 오래 있을 수 없었어요.

마리오 : 그러면 찜질방으로 가지 그랬어요?

최지영 : 찜질방이라니요! 찜질방은 사람이 많아서 너무 시끄러워요.

마리오 : 그럼 부모님께 말씀 드려서 에어컨을 사세요. 어제 DK마트에 갔더니 세일 기간이었어요.

최지영 : 그래요? 그럼 이따가 부모님과 한번 가 봐야겠어요.

1. 위의 내용과 같으면 ○, 다르면 × 하십시오.

① 마리오 씨는 밤에 잠을 잘 잔다. ( )

② 최지영 씨는 한강 공원이 마음에 들었다. ( )

③ 최지영 씨는 부모님과 DK마트에서 만나기로 했다. ( )

2. 최지영 씨가 잠을 못 자는 이유는 무엇입니까?

3. 최지영 씨는 잠을 자기 위해서 어떻게 했습니까?

4. 여러분 나라도 날씨 때문에 불편한 일이 있습니까? 그럴 때 어떻게 합니까?

듣기

1. 들은 내용과 같으면 ○, 다르면 × 하십시오.
   ① 크리스 씨는 지금 학교에 있다. ( )
   ② 리에 씨는 요즘 한국 요리를 배운다. ( )
   ③ 토린 씨의 친구가 결혼을 할 것이다. ( )

2. 스테파니 씨는 왜 크리스 씨에게 전화를 했습니까?

3. 토린 씨는 무엇을 고민하고 있습니까?

4. 여러분도 크리스 씨에게 우리반 친구들의 안부를 전해 주세요.

읽기

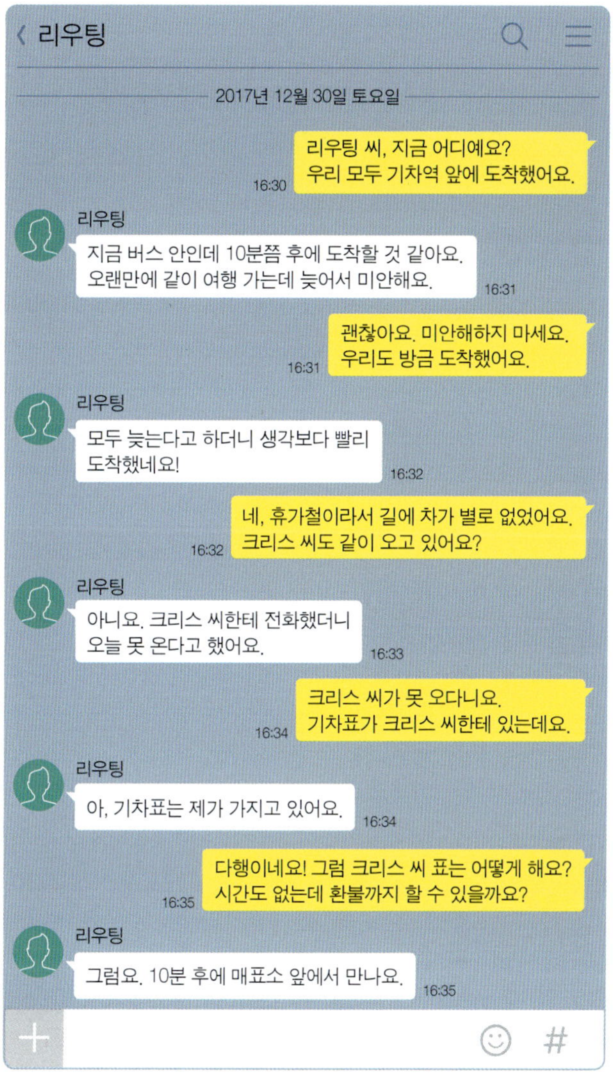

1. 위의 내용과 같으면 ○, 다르면 × 하십시오.
   ① 이 사람들은 기차역 앞에서 만날 것이다. (　　)
   ② 크리스 씨가 기차표를 가지고 있다. (　　)
   ③ 기차표를 한 장 환불해야 한다. (　　)

2. 리우팅 씨는 지금 어디에 있습니까?

3. 이 사람들은 무엇을 하려고 합니까?

4. 여러분도 친구와 문자를 주고받아 보세요. 그리고 어떤 이야기를 했는지 이야기해 보세요.

쓰기

1. 여러분은 한국에서 어떤 일을 경험했어요?

언제	
어디에서	
무슨 일	
어떻게 되었나요?	

2. 여러분이 경험한 일을 써 보세요.

듣기 대본

01

스테파니 : 여보세요? 마리오 씨, 저 스테파니예요. 지금 마리오 씨 집으로 출발했어요.

마 리 오 : (깜짝 놀라면서) 정말이에요?

스테파니 : 네. 30분쯤 후에는 도착할 것 같아요. 집들이 준비는 다 했어요?

마 리 오 : 다 하기는요. 사실은 지금 재료를 사다가 요리하기 시작했어요. 다 되려면 아직 멀었어요.

스테파니 : 그래요? 많이 바빴나 봐요.

마 리 오 : 집이 너무 지저분해서 청소부터 하느라고 요리할 시간이 없었어요.

스테파니 : 마리오 씨, 걱정하지 마세요. 다른 친구들은 좀 늦을 거예요.

마 리 오 : 휴, 다행이다.

스테파니 : 제가 빨리 가서 도와줄게요. 조금만 기다리세요.

마 리 오 : 스테파니 씨의 이야기를 들으니까 안심이 되네요! 고마워요.

스테파니 : 고맙기는요. 친구니까 당연히 도와줘야지요. 이따가 만나요.

마 리 오 : 네. 조심히 오세요.

02

해설자 : 요즘 사람들의 머리 모양은 아주 다양합니다. 머리를 길게 기르는 사람도 있고 짧게 단발머리를 하는 사람도 있습니다. 또 파마를 하거나 염색을 하기도 합니다. 머리를 하고 싶을 때 미용실에 가면 머리 모양을 쉽게 바꿀 수 있습니다. 하지만 옛날에는 그렇지 않았습니다. 조선 시대에는 보통 세 가지의 머리 모양이 있었으며 머리 모양으로 그 사람을 알 수 있었습니다. 먼저, 어릴 때에는 남자와 여자 모두 머리카락을 아래로 길게 땋아 가지고 댕기 머리를 했습니다. 그리고 결혼을 하거나 어른이 되면 머리 모양을 바꾸었습니다. 남자는 상투를 틀고 여자는 비녀를 꽂았습니다. 그래서 사람들의 머리 모양을 보며 '아, 상투를 튼 걸 보니까 결혼한 모양이구나!'하고 생각할 수 있었습니다. 그리고 옛날 한국 사람들은 절대로 머리를 자르지 않았습니다. 머리카락도 부모님이 주신 소중한 몸이니까요.

03

마 리 오 : 이번 주부터 서울거리예술축제가 시작된다고 해요.
스테파니 : 그래요? 작년에도 갔었는데 정말 재미있었어요. 우리 같이 가요.
마 리 오 : 좋아요. 여기에 일정표가 있으니까 보고 싶은 것을 골라 보세요.
스테파니 : 알았어요. 음, 태권도 공연을 보면 어때요? 이건 광화문에서 한다고 해요.
마 리 오 : 언제 한다고 해요?
스테파니 : 월요일부터 수요일까지 매일 오후 4시에 한다고 해요.
마 리 오 : 수요일에 갈까요?
스테파니 : 좋아요. 저녁에 뮤지컬 공연도 있다고 하는데 그것도 볼까요?
마 리 오 : 음, 그러면 저녁 늦게 돌아와야 하는데 괜찮겠어요?
스테파니 : 괜찮을 거예요. 서울에서 학교로 오는 버스가 늦게까지 있다고 들었어요.
마 리 오 : 잘됐네요! 애니 씨한테도 같이 가자고 이야기해 볼까요?
스테파니 : 좋은 생각이에요. 애니 씨한테 그날 오후 2시까지 학교 정문 앞으로 오라고 하세요.
마 리 오 : 알았어요.

04

스테파니 : 여러분 안녕하세요. DKBS 방송국 아나운서 스테파니입니다. 여러분은 우리 학교를 얼마나 잘 알고 있습니까? 지난주 방송에서 궁금한 것이 있으면 무엇이든지 문자메시지로 보내 달라고 했는데요. 많은 학생들이 문자메시지를 보내 주셨습니다. 오늘은 그 문자메시지를 소개해 드릴게요.

첫 번째 문자입니다. '우리 학교는 스터디룸이 없나요?' 물론 있어요. 스터디룸은 여러 학생들이 만나서 함께 공부할 수 있는 곳인데 도서관에 있어요. 우리 학교 학생은 누구든지 신청한 후에 이용할 수 있습니다.

두 번째 문자입니다. 학생회관에서 무엇을 할 수 있냐고 질문했는데 할 수 있는 것이 정말 많을걸요. 이 분은 보나마나 학생회관에 한 번도 안 가 봤을 거예요. 우리 학교 학생답지 않은 분이네요! 학생회관에는 동아리 방뿐만 아니라 학생 식당, 커피숍, 그리고 서점도 있으니까 꼭 이용해 보세요.

자, 이제 마지막 문자를 읽을게요. '스테파니 씨는 어디에서 볼 수 있어요? 정말 궁금해요.' 하하하, 저는 아나운서답게 방송국에 자주 있어요. 누구신지 모르지만 아마 저를 찾기 힘들걸요. 제가 보고 싶으면 방송국으로 오세요. 그럼 언제든지 저를 만날 수 있을 거예요.

05

남자 : 안녕하십니까. 시청자 여러분, 오늘 소개해 드릴 제품은 편하게 입을 수 있는 티셔츠입니다. 얼마 전에 배우 스테파니 씨가 드라마에서 입고 나왔지요. 티셔츠에 있는 고양이 그림이 정말 귀엽습니다. 이 티셔츠의 장점은요. 편한 데다가 색상도 다양하다는 것입니다. 초록색, 남색, 금색, 은색까지 모두 네 가지나 있습니다.
여자 : 네, 제가 지금 은색 티셔츠를 입고 있거든요. 직접 입어 보니까 귀엽다기보다는 세련된 느낌이 더 강하네요! 사실은 제가 좀 통통해요. 그래서 티셔츠를 입을까

말까 고민했거든요. 그런데 이제는 걱정이 없습니다. 이 티셔츠는 날씬해 보이거든요. 특히 이 티셔츠는 남자, 여자 누구든지 입을 수 있어요. 한 벌만 사지 마시고 커플 티셔츠로 예쁘게 입어 보세요.

남자 : 여러분을 위한 티셔츠! 가격이 궁금하시지요? 놀라지 마세요. 이 예쁜 티셔츠를 오늘 하루만 39,000원에 드립니다. 39,000원이면 누구든지 패션리더가 될 수 있습니다. DK 홈쇼핑 1588-1234, 1588-1234! 살까 말까 고민하지 마시고 지금 바로 전화 주세요.

06

여자 : 안녕하세요. 저는 23살 된 여학생이에요. 얼마 전에 남자 친구와 헤어졌는데 정말 후회가 돼요. 남자 친구를 만난 것은 대학교 1학년 때였어요. 여름 방학에 친구들과 같이 여행을 갔는데 길을 잃어버리는 바람에 옆에 있는 사람에게 길을 물어봤어요. 그런데 그 사람이 친절하게 목적지까지 같이 가 주었어요. 그때 그 사람이 저에게 연락처를 물어보면서 사귀게 되었어요.

우리는 서로 멀리 살고 있었지만 주말마다 만났어요. 남자 친구는 기차를 타고 제가 있는 곳까지 와 주었어요. 그렇게 남자 친구와 2년 동안 사귀었어요. 그때는 남자 친구를 너무 사랑해서 헤어질 줄 몰랐어요. 대학교 3학년이 되면서 제가 유학을 오는 바람에 남자 친구와 더 만날 수 없게 되었어요.

'눈에서 멀어지면 마음에서도 멀어진다.'는 말처럼 우리는 점점 사이가 멀어졌어요. 어느 날, 우리는 정말 심하게 말다툼을 하고 말았어요. 남자 친구에게 전화를 했는데 계속 전화를 안 받았거든요. 그때 남자 친구가 다른 여자를 만나고 있다고 오해했어요. 저는 너무 화가 나서 남자 친구에게 헤어지자고 문자메시지를 보냈어요. 그 뒤로 남자 친구로부터 아무 연락도 없었어요. 그렇지만 그 사람은 저에게 정말 소중한 사람이에요. 아직도 남자 친구가 그립고 마음이 허전해요. 이렇게 살다가는 평생 행복하지 않을 것 같아요. 그런 메시지를 보내지 말걸 그랬어요. 여러분, 어떻게 하면 그 사람을 다시 만날 수 있을까요?

07

마 리 오 : (다급한 목소리로) 여보세요? 스테파니 씨, 저 마리오예요. 미안한데 지금 어디예요?

스테파니 : 지금 교실이에요. 리에 씨하고 같이 오늘 배운 문법을 복습하고 있어요.

마 리 오 : 그럼 스테파니 씨, 아까 제가 앉은 책상 위 좀 봐 주시겠어요? 아마 책상 위에 휴대폰하고 지갑이 놓여 있을 거예요.

스테파니 : 잠깐만 기다리세요. (잠시 후) 휴대폰은 물론이고 지갑도 없는데요.

마 리 오 : 어? 어떡하지?

스테파니 : 우리가 교실에 왔을 때는 문이 잠겨 있었어요. 제가 아주머니께 물어볼게요. (잠시 후)

스테파니 : 여보세요? 마리오 씨, 찾았어요. 아주머니께서 화장실에서 주우셨다고 해요.

마 리 오 : 정말요? 휴, 다행이다. 스테파니 씨가 아니었으면 못 찾을 뻔했어요.

스테파니 : 제가 물건을 찾아 줬으니까 한턱내세요.

마 리 오 : 알겠어요. 소중한 물건을 찾아 준 이상 가만히 있으면 안 되지요. 내일은 제가 커피를 살게요. 정말 고마워요.

스테파니 : 뭘요. 그럼 내일 만나요.

08

크 리 스 : 여보세요?

스테파니 : 크리스 씨, 저 스테파니예요. 몸은 좀 어때요?

크 리 스 : 푹 쉬었더니 많이 좋아졌어요. 스테파니 씨는 잘 지내고 있어요?

스테파니 : 네. 잘 지내요. 그렇지만 크리스 씨가 학교에 없어서 그런지 좀 심심해요. 그리고 친구들 모두 크리스 씨를 그리워하고 있어요.

크 리 스 : 고맙네요! 모두들 어떻게 지내는지 궁금해요. 이야기 좀 해 주세요.

스테파니 : 음, 리에 씨는 얼마 전부터 한국 요리를 배우더니 오늘은 직접 만든 김치 만두를 가지고 왔어요.

크 리 스: 리에 씨가 요리를 해요? 해가 서쪽에서 뜨겠네요! 맛은 어땠어요?

스테파니 : 친구들이 모두 맛있어했어요. 매운 것을 잘 못 먹는 토린 씨까지 맛있게 먹었어요.

크 리 스: 저도 먹어 보고 싶네요! 토린 씨도 잘 지내고 있지요?

스테파니 : 음, 토린 씨는 고향에 갈 모양이에요.

크 리 스: 고향에 가다니요? 아직 수업이 끝나려면 멀었는데요.

스테파니 : 다음 달에 토린 씨의 친구가 결혼을 하거든요. 그래서 고향에 갈까 말까 고민하는 것 같았어요.

크 리 스 : 그렇군요! 토린 씨가 고향에 가면 친구가 좋아할 것 같은데요.

스테파니 : 저도 그렇게 생각해요. 그런데 크리스 씨는 언제 올 거예요?

크 리 스: 다음 주쯤에 퇴원할 거예요. 그러니까 내가 없다고 너무 심심해하지 마세요.

스테파니 : 아이고, 알았어요. 농담하는 걸 보니까 안 아픈 것 같네요!

크 리 스 : 하하하, 그럼, 친구들에게도 안부 전해 주세요.

스테파니 : 네. 빨리 건강해져서 돌아오세요. 기다리고 있을게요.

찾아 보기

ㄱ

ㄴ

ㄷ

ㄹ

ㅁ

ㅂ

ㅇ

ㅈ

ㅎ

기타

지은이 소개*

| 감 수 |

한 정 한

단국대학교 국어국문학과 부교수, 뉴욕주립대학(버팔로) 언어학 박사
〈저서〉 쉽게 읽는 한국어학의 이해, 국어사전학 개론 외 다수

| 필 자 |

유 소 영

단국대학교 국제교육센터(DUGEC) 초빙교수, 단국대학교 한국어교육 박사
〈저서〉 안녕하세요 한국어 1, 2, 3권(4개국어판), 한국어로 말해요(11개국어판) 외 다수

유 선 주

DUGEC 강사, 단국대학교 한국어교육 박사과정 수료

이 연 주

DUGEC 강사, 단국대학교 한국어교육 박사

서 민 정

DUGEC 강사, 단국대학교 한국어교육 박사과정

고 유 리

DUGEC 강사, 단국대학교 한국어교육 박사과정

memo*